如何活出自主人生

［德］莫妮卡·A.波尔 著
张新蕾 译

献给劳拉和马尔科，
希望你们可以活出自主、自信的人生！

目 录

如何活出自主人生　01

1 发现可能，跨越障碍　05

改变带来不同　06

全速迈向自主　08

生活并不意味着一切都会正常运转　12

"如果，也许，可能……"——这样可不好！　14

忠诚与家庭原动力　19

伴侣关系中的自主性　24

从时间的长短到时间的质量　30

自主性是企业理念的一部分　34

战胜例行事务　41

数字时代的奴隶　47

自主的勇气和界限　52

用改善家居空间对抗犹豫不决　55

自主决定死亡　59

急救指南　62

结　论　64

2 学会认识自己的价值　65

　　追根溯源　66

　　心灵契约　70

　　图像的力量　73

　　自我价值感对健康的影响　76

　　光与影的共舞　79

　　内向和外向　84

　　具象化　87

　　明确地说"不"　93

　　结　论　97

3 学会驯服内心的批评家　99

　　悲观主义者　100

　　批评家的工作场所　102

　　建设性地处理自我怀疑　104

　　设立目标、提出愿望　108

　　自由还是完美　110

　　幽默策略　114

　　正确使用权力　118

　　时间的动力　120

　　适度原则　124

　　结　论　127

4 学会运用直觉 129
　　正念　130
　　腹部碰到大脑　138
　　积极运用直觉　141
　　与直觉的游戏　146
　　直觉优先　148
　　结　论　151

5 自主是魅力之源　153
　　魅力的力量　154
　　魅力公式　155
　　彰显魅力　160
　　用魅力开启心门　164
　　结　论　166

附　录　169
　　成功日记　169
　　通缉令　170
　　电梯演讲　171
　　个人行为策略及指南　172

"你的时间有限

所以不要把它浪费在

模仿别人的生活上

不要受教条的束缚

不要活在别人的想法里

不要让他人的想法左右你的内心

最重要的是

勇敢地

追随自己的内心和直觉

它们知道你真正想要的是什么"

——**史蒂夫·乔布斯**

如何活出自主人生

没有什么比过上充实又自主的生活更能让人感到幸福和满足。这话说起来倒是容易！据统计，每个人在一生中，会花6个月的时间堵车，会花两年半的时间打电话，还会花12年的时间看电视（顺便提一句，陪自己的孩子玩耍的时间只有9个月）。我们的时间和生活在很多方面都会受到限制。回头看从前的经历，有些事情也许可以重新理解，却不能再做出改变。然而，未来并不是既定的，它掌握在我们自己的手中。

用积极的眼光来看待这件事：边界定义了我们的身份，描述了我们的本质、能力、经历和我们所生活的时代。这个时代充满各种各样的机会。边界筑造起一个更加安全的领域，在边界里面，我们可以安排自己的生活，它就像一个花园，我们可以在里面栽种植物。有时我们应当按时翻耕，以便开拓出新的肥沃土地。看一眼邻居的花园也没有什么问题：其他人是怎么做的？也许我可以从他们那儿学到点什么？你可以暂时让你的花园自行生长，跳出舒适圈，看看外面的世界。如果你愿意，你可以把你的花园一直当作避风港，随时回到熟悉的环境中。我们不是非得为自主生活放弃那些自己珍爱的事物不可。

我们每天都能意识到日常生活中的挑战。但是，为了按照自己的意愿生活，我们有没有抓住机会打理自己的人生花园？究竟是什么在妨碍你去做真正重要的事？

责任
VS
个人生活

我们经常因为考虑到他人的期望，将注意力从自己的生活上移开。我们想让其他人满意，想尽量回避冲突，成为别人眼中的好朋友或者热心的同事。但与此同时，你也要对自己的生活负责。走自己的路，拎清轻重缓急，挖掘自身的潜能，这些都是毕生的挑战。一旦你从中找到了乐趣，并且明白了自己应当往哪个方向看，这些挑战便会成为令你永葆青春的生命之水，能让你感到幸福和满足。在本书中，我诚挚地邀请你有意识地肯定自己的人生，并且按照自己的想法来安排它。因为这是最好的生活方式。

在此之前，你还要明白一件事：活出自主人生是一个有意识的决定！它要求对自己负责。如果你想主宰自己的人生，就必须做好为自己的行为负责的准备。这从来都是一个冒险的行为，因为结果不一定总是好的，但是这比像棋子一样任人摆布好。因为棋子不能插手任何事务，也不能左右游戏进程。如果事情的进展令人满意，那就自豪地称赞一下自己吧。即使事情的进展并不是那么顺利，也要尽力而为！生活就是会起起落落。如果没有经历过低谷，就不会珍惜辉煌。正确的理念能最大限度地减少难熬的日子，并且能让你从困境中看到事情积极的一面，然后变得更强，直至脱离困境。

自主生活所需要的一切，你都可以从下文获知。这个过程还可能带来"副作用"，例如独特的魅力和更多的成就。

你最真诚的朋友
莫妮卡·A.波尔

1
发现可能，跨越障碍

让其他人或其他事为自己的人生负责是件容易的事。基因、家庭、当前的环境和我们的生活压力，这些因素无疑会影响我们的内心和生活，影响我们处理事情的方式，也会影响我们与周围的人的互动和相处。与此同时，我们应当意识到，我们大多数人生活在一个奢侈的特权世界，它不停地为我们提供大量的机会和可能性。

改变并非总是被迫的——我们还可以主动做一些改变，并且着手做那些我们热爱或渴望的事情。如果你希望能在更大程度上主宰自己的人生，就应当首先检查自己看问题的方法，你要么采取了错误的方式，要么陷入了惯性思维，想要改变却不采取相应的行动。你是把改变视作威胁吗？

主动做出改变

改变带来不同

改变是一件美妙的事！它通常给我们带来新的机会，但同时也需要我们投入时间和精力。我们是否认同即将到来的变化，取决于我们的参与度。无法影响事情的进程会让人产生无力感和任人摆布的感觉。我们想要参与决策，而不是跟在别人身后，不为改变出一份力。自主人生不会从天而降。我们无法不劳而获。新的思维方式和行为模式是被训练出来的。很少有人会带着"一周以后就要像运动员一样精力充沛"的期待去报名健身。

外力的推动、做固定的事能将人们从无所事事中唤醒。这可以形成一个短期的推动力，但这个推力常常很快失效。随之而来的是不满，因为你依然在原地踏步。我们从竞技和其他事情上了解到，真正的成功需要发自内心的动力，只有这样才会有好的结果。没有哪位运动员仅靠外部的刺激就能取得胜利。

遗憾的是，我在跟客户和病人打交道的时候经常看到，很多人只有在经历了重病或者严重的生活危机后，才想到改变思想、辨明轻重缓急。这样看来，疾病就像是最好的治疗师，因为病状提供了有用的信息。只有当强烈的精神压力迫使当事人屈服时，做出改变的意愿才会出现。但是，我们不应该等到陷入这样危急的局面时才做出改变，因为在这种情况下，人们会如履薄冰。我们最好尽早行动，积极地把事情掌握在自己手中。

  我确信：如果我们能够更好地认识自己、倾听自己内心的声音，然后再采取行动，我们不但会更幸福，还会更健康，会少得癌症和慢性疾病，因为身体和灵魂紧密相连。身体上的痛苦会在精神上反映出来。精神负担反过来也会在我们的身体上反映出来。许多人每天忍受很多压力和怒气。他们一直不满又沮丧地陷在一种观念里——没有什么可以改变现状。事实上，恰恰是他们自己才能做出改变。改变首先需要坚韧的毅力和对未来的好奇心。身与心的联结

  根据我自身的经验，我可以告诉你们，由自己主宰的人生不是按照固定轨迹发展的。所有人都害怕那些会把自己引向未知领域的挑战。在未知的地方，许多看似重要的事情突然失去了意义。有时，这样的事情是不可避免的，这也会给我们带来启发。如果我们保持乐观，并把它们视作机会，同时相信自己的可塑性，那么它们就会让我们的内心获得成长。当然，总有一些事我们无能为力，我们必须为此承受相应的结果。所以，跟自己握手言和并不总是一件易事。但是，把精力放在可塑且可控的事情上，总是更有意义的。这样的事情有很多。

本书能够帮助你敏锐地捕捉到这些事情。

改变和真正的成功需要内在的动力。

全速迈向自主

但是，当你在自主生活的高速公路上全速行驶之前，应该先把汽车送到检修处进行安全检查。

练习

请检查如下零件并记下关键词，以便了解你的现状。

马达 | 你的汽车的驱动装置有足够的优质汽油吗？——你内心有足够的驱动力吗？你是精力充沛并且愿意马上出发，还是在拖延，宁愿推迟旅程？此时此刻需要你的动力。还记得本章开头的内容吗？

_____

_____

后视镜 | 你的后视镜装好了吗，可以将一切尽收眼底了吗？请记住，每辆车都有盲点，这会妨碍驾驶员查看路况，也会带来危险，并且可能导致你被超车。所以仔细看看路况，

在转弯时往目标方向多看一眼。什么人和什么事会经常拖慢你的进程，妨碍你达成目标？——跟交情不深的人断绝交往很容易。但如果那些经常妨碍你的人是与你关系密切的人，甚至是你的家人，那事情就会困难些。

离合器 | 只踩油门毫无意义。作为自己的人生之车的司机，你应当决定自己想以什么速度驶向目的地。为了根据车的状态和寿命调整速度，你需要一个换挡机制，也就是离合器。——思考一下：你现在身在何处，是如何到达这里的？你是一直很顺利，还是已经走了一些弯路？为了到达目的地，你需要做些什么？

导航系统 | 目前使用的导航系统如何？你真的知道自己想要的是什么吗，知道自己想要去往何方吗？还是说，你有必要赶快更新一下你的导航系统？

自动驾驶仪 | 仔细思考应当在何时何地打开自动驾

驶仪。这种做法在短期内可以减轻你的负担。但长此以往,你可能会一直处于被动状态,并且会在不知不觉中选择被动的生活方式。人生中总会存在十字路口或掉头处。在这些地方你应当自己做决定,而不是使用自动驾驶仪。这些时刻非常重要,因为此时,你可以在没有受他人影响的情况下给自己的人生设定目标和方向。你应当在什么时候和什么情况下关掉自动驾驶仪呢?

汽车保养 | 为了开车时一直保持良好形象,要对汽车进行由内到外的保养:你的人生汽车上,什么部件让你尤其感到满意?在日复一日的驾驶过程中,爱车的哪些特性让你对它爱不释手?——在你的生活中,什么事情做起来特别顺利,甚至可以让你坐下来放松一下?有什么事情你可以轻车熟路地完成?把这些事情保存到你的收藏夹里。

你的汽车有什么地方生了锈?哪里需要做一下外观修复?——你下定决心要改变的是什么?这本书可以在哪些方面帮到你?把你的思考结果写在任务清单上。

尝试尽力回答练习中的所有问题。回答时不要太理性，因为太理性就没有意义。把你本能地想到的东西写下来，即使当时还没有发现重点或者还没有找到合适的解决办法。书中可以用来做笔记的地方有限。不要犹豫，在手边放上一个练习本或者几张纸吧。

在本书中，我们将通过可回顾的小贴士、案例和大量实践练习与书面练习，把所有密切相关的东西整合在一起。请把每一章都看作一幅拼图中的一块，看成一个无法一天完成的训练。请对训练抱有一些耐心和信心。大部分改变需要一些时间。在寻找答案的过程中，除了运用理智外，请你也要一直记住自己的直觉和内心的冲动。如果眼前有了明确的目标，你的旅程将会更加愉快。你一定可以在途中发现对你的人生产生积极影响的新视角。请保持好奇和开放的心态——这样一来，你便会从这个训练中受益无穷！

> 把每个练习都看作一次邀请。仔细感受它在你身上产生的作用。遇到困难时，多给自己一点时间。很多情况下，这些困难恰恰是我们推动自己做出改变的最佳动力。

小贴士

同时，我会以案例分析的方式，简单介绍一下其他人的日常生活。他们和你一样，在为了过上更加自主的生活而努力。这些情景片段清楚地显示了困难在哪里，有时也会呈现解决方法。也许你可以在某个故事中找到共鸣。在此我想向你们推荐一句话，请将它作为促进思考的推动力。这句话是乔治·巴凯写的："人们给孩子讲故事是为了让他们入睡，而给成年人讲故事是为了让他们变得清醒。"

生活并不意味着一切都会正常运转

_{做人生的}
_{领航者}

　　试着摆脱依赖心理。因为生活并不意味着一切都会正常运行，日常生活不会一直处于紧张和努力的状态。当然，这也存在积极的一面：这让我们清楚地意识到，没有失去控制的生活是多么珍贵。倘若我们不承受压力，就不能体验到轻松。不经历风雨就不会期待好天气，不会珍惜阳光灿烂的日子。一旦你体验到自己掌舵的乐趣并成了自己人生的领航者，你就一定不会再放弃自主权。随着生活的起伏，掌握相应的诀窍，你会变得更强。

　　只有少数人实现了这个梦想。对很多人来说，这是遥不可及的，因为他们没有迈出第一步的勇气。这种时候，很多资源都可以用来过上自主的生活。我们的生活在很多方面非常需要我们的指示，我们却对此视而不见，或者没有想过自己可以采取相应的措施。很多人迫于压力才有所行动，之后他们会选择最容易的路。但我想鼓励你走另一条路，并且支持你在未来有意识地经营自己的人生。做人生的领航者吧！

在接下来的几章里，我们将一起仔细分析3样东西：你的自我价值感、你的直觉和你的自我批评。根据我给各种人培训的经验，我可以告诉你，这是3个会大大削弱自主性的关键因素。在最坏的情况下，它们会迫使我们屈服，妨碍我们过上独立自主、称心如意的生活。一般情况下，我们会时不时勇敢地往前迈3步，然后大多数人又会往后退两步。有时候我们只是在兜圈子。突然，我们又回到了原点。

<small>3个关键因素</small>

只有那些知道自己的价值、学会与自我批评成为朋友，以及依靠直觉做出适当决定的人，才可以永远摆脱无尽的压力，自信地踏上激动人心的人生新阶段。我无法预测你能否驶上超车道，但是我保证，你最终会摆脱依赖感，并且享受更多的生活乐趣。

> 只有那些知道自己的价值、学会与自我批评成为朋友，以及依靠直觉做出适当决定的人，才可以永远摆脱依赖感。

"如果,也许,可能……"——这样可不好!

不要去做"如果,也许,可能……"这样的假设。如果你能对自己负责并且保持自律,你怎样都可以继续前进。

你知道吗,独立自主是每个人的权利,德国基本法对人身权利的规定中就包括这一条。只要没有损害其他人的权利,没有违背宪法或者道德准则,人们就能享有这项权利。我把自主权看作所有人的重要权利,不分性别、肤色、国籍和宗教。在我看来,这种决策自由和独立自主的权利是与生俱来的。它代表着一种不被操控、束缚和压抑的生活。遗憾的是,很多人都放弃了这个权利。

成为创造者而不是牺牲品

如果你不想成为困境的牺牲品,而是成为人生的创造者,你应当坚信,自我责任感和自律能力可以发挥重要作用。

对自己负责是对自主的补充,两者构成一个整体。总有一些相互对立又相互补充的东西,就像阴阳两极,双方相互依存。为自己的行为、话语、疏忽及其结果承担责任,在很多人看来是一种负担,但另一些人认为这意味着力量、生活品质和自由。这是两种完全不同的看问题的视角,它们体现在我们管理日常生活的方式、所冒的风险和对待挑战的态度上。每个人手中都有不同的牌，并且自己决定如何出牌。财富、健康、智慧、吸引力这样的好牌不能保证生活幸福美满。手中的王牌也许可以给我们带来优势，但最终决定我们能否过上充实自主的生活的，是我们的态度，而不是我们的境况或者过去。

如果让你在一把刻度尺上标记生活的愉悦程度，是会偏向积极的感受，还是偏向消极的感受？还是说你刚好在刻度5：一种敷衍任务的感觉？为了找到这个问题的答案，请坐直，多做几次深呼吸。平静、均匀地用力呼气，再深深地吸气。在心里对自己说："从今天开始，我要为我的人生担负起更多的责任。"重复这句话，并且注意随之而来的感觉。保持这样的呼吸方式，有意识地去感受它。给自己足够的时间，你需要做出明确的决定。即使出现了自我矛盾或者不安的感觉，也不要气馁，后面的章节还会有针对性的练习来帮助你进行调节情绪的训练。因为只有鼓起勇气，为自己的人生承担更多责任，你才会获得更多自主权。现在勾选相应的数字吧。

练习

| 0 | 1 | 2 | 3 | 4 | 5 | 6 | 7 | 8 | 9 | 10 |
| 负担 | | | | | 敷衍任务 | | | | | 乐趣 |

你可以反复用这个简短的练习来确定自己的状态。这对你来说可能是一个有用的指导，因为在这个过程中你开始运用自己的直觉。我们将在第四章中更详细地探讨这个话题。

另一方面，自律能帮助我们克服惰性和恐惧，帮助我们主动承担引领生活方向的责任。我们经常犹豫是否要做出改变。比起转变思想和冒险，我们更愿意让一切保持原样。即使有更好的选择摆在眼前，很多人还是会维持原样。如果你经常很累，而且没有足够的精力去做真正重要的事情，你应当重视起来，至少应该停下来，或者寻求专业人士的帮助，防止陷入筋疲力尽的状态。

如果你真的想要改变自己的生活，也许就需要克服犹豫或担忧的习惯，因为这种个性特征引起了极大的不满足感，它让我们渴望更多的自主权，但这一愿望一直没有实现。斯坦福大学的一项研究证实，人的惰性确实会阻碍我们前进。因此请注意，你自己也要为此负责。

....

练习

你的自律能力怎样？让我们仔细观察一下你的日常生活：

你可以在多大程度上坚持不懈地实现自己的目标？

_____

_____

为了锻炼意志，最好先设定一个小目标。通过给自己适当的奖励来表扬自己的每一个进步。

你放弃一个计划（例如你的日常任务）的速度有多快？最大的障碍是什么？

_____

_____

有针对性地关掉干扰源，尝试按照重要程度评估你的任务。

你安排自己的生活时毫无条理吗？还是说你会有条理地处理生活中的挑战？

_____

_____

制作一张按照优先程度排序的清单，并且按照顺序一件件地做完。根据任务的难易，相应地休息和犒劳自己。

....

学会更好地认识自己，因为这样一来，实现自己定下的目标会从根本上变得更加容易，同时也会降低身陷被动境地或者高估自己能力的风险。我并不是想把你引到3分钟热度的道路上去，也不是想让你对现实视而不见。恰恰相反，我想帮你培养健康的自我意识，以及帮你发掘大量走上自主之路的可能性，这些可能性每天都会出现。

小贴士
> 请把自律看作一种内在责任，它可以帮助你过上自主人生。

几项长期研究表明，无论一个人的智力和社会地位如何，童年时期的自律都是他成年后会获得成功的一个可靠标志。它对健康、财富和满足感有很大影响。神经生物学告诉我们，大脑具有神经可塑性，因此能够在人的一生中建立新的神经联系，即建造学习模型，这能让我们变得更加独立自主。正如你看到的，没有什么应该妨碍对自律的投资。

> 自律是内在责任，它能够让你走上自主的道路，并且让你一直走在这条路上。

一点点也可以　不要再说："我也想这样，但这样行不通。"因为哪怕一点点的努力也是可以的。一点努力就可以对你的人生有很大影响。这真的会给你带来改变！

例子　　哈拉德富有创造力，因此受到同事们的称赞。"他真有两下子，"其他人说，"只是他的态度不太让人满意。"这是因为他没有设法提高专业水平。哈拉德是一名杰出的产品开发人员。很多同事必须费尽心血才能挣得的东西，他可以轻而易举地得到。他在技术方面有天分，并且总是领先。但他不可靠的性格和混乱的行动常常成为他的阻力。他的项目开始后，他总是需要很长时间才能让所有参与者同心协力。哈罗德会尽可能避免令人不安的冲突，虽然他非常清楚冲突也是工作的一部分。他不愿意承担时间不足的责任，更倾向于让别人来为此负责。难怪他业绩出色，管理层却没有让他升职。

忠诚与家庭原动力

人们通过忠诚来表示团结。但在自由经济中，这样的忠诚是有限的。当你喜欢的品牌在市场上推出了一款新产品，你可能立即决定购买，却没有仔细考虑你是否真的需要它。但是如果这个产品存在缺陷，其他同类产品更加成熟并且更物美价廉，你也许就会在下次购买的时候选择其他同类产品。

在家庭中，原动力则是另外一回事。你不会只是因为别人家的孩子成绩更好,就把他们当成自己的孩子,接他们放学。忠诚在家庭里是一种内在的联系,大多数情况下是一种本能的联系。这种联系长达一生,甚至经常跨越几代人。这种联系除了好的一面,也存在不好的一面:孩子,甚至是成年人,为了迎合亲人,通常倾向于分担父母或者兄弟姐妹的命运。如果一个家庭中,每个人在生活中都非常依赖家人,那么这个孩子也只能这样做。当然,这在某种程度上可以用社会学习理论来解释,但主要原因是这个孩子不让自己独立生活,因为一旦独立自主,他与家庭成员之间的差异就会让他很痛苦。

也许你现在要反驳我,因为这并不适用于每个人。有的人会在很大程度上受到原生家庭的影响,有的人则不会。这取决于许多不同的因素。让我们仔细看看其中的联系。

例子　　艾伦是一位成功的媒体设计师,同时也很有责任心。她极富创造力,并且梦想着在积累多年经验后,在专业领域开创自己的事业。她的父母激烈地劝说她放弃这个想法,因为他们从自己的经验出发,注重安全稳定。毕竟,他们也曾自己创业,结果不太理想,因此到了老年也不宽裕。他们害怕这样的事也会发生在自己的女儿身上。因此,尽管眼前有大

发现可能，跨越障碍　21

好机会，他们依然建议艾伦保持雇员身份，不要创业。艾伦犹豫了很久，艰难地做了决定。她很感激父母对她的关心。艾伦明白，积蓄对于老年人来说一定很重要，但经过慎重考虑，她还是决定迈出独立自主的一步。

你能够在这个个案分析中看到自己的影子吗？

练习

◇ 如果可以，你就会知道下次应当在什么方面继续努力。尊重你在乎的人的意见和劝告。从他们的失败中吸取经验和教训。尽管如此，你要变得独立，并且形成自己的想法，特别是在与个人生活息息相关的事情上。

◇ 如果没有，那么请写下你自己的故事：

_____

_____

仔细看看你家里的情况。这是值得的！然后再权衡一下。你并不需要承担其他人的生活，因为你有自己的生活。你可以审视一下亲人的处境和经验，在必要的情况下提供一些支持，但是请放手去走自己的路！

小贴士

"你跟你妈一样！"

你的伴侣有没有和你说过"你跟你妈一样"？这可能会被认为是责怪，但它不一定是消极的。我们往往在中年时代发现，自己继承了父母的很多特质。只要它们能让我们变得幸福，变得更加自主，那就没有什么问题。这是深藏在我们内心的立场和处事态度。我们可以以此为傲并享受它，或者与过去握手言和，丢下那些不讨人喜欢的习惯。我们在家里学习了很多行为习惯，以后我们会记住并且经常使用它们。我们越频繁地使用它们，它们就会变得越强，并且越能主宰我们的行为。如果你理解并接受这个根源，那么接下来，你就可以积极地改变思维方式和行为方式。

练习

快速思考一下，你的父母有什么性格特征？你自己是否也有这些性格特征？在接下来的几个星期里，更加仔细地阅读和补充你的清单。

_____

_____

_____

你认为这些性格特征中，哪些具有积极意义，哪些阻碍你前进？

以前，你的父母有平等的"表决权"吗，还是其中一方（下意识地）掌握主导权？你通常（不自觉地）站在谁那边呢？这些年来，情况有变化吗？如今的情况是什么样的呢？你在模仿父亲还是母亲？

───────────────────────────────

───────────────────────────────

··

家庭中可能会有不愿意放手的统治型父母。他们认为自己完全知道什么对孩子来说是正确的，即使这个孩子已经长大成人，甚至已经组建了自己的家庭。孩子的每次挫折都被判断为失败，父母会长篇大论地唠叨和评论孩子。这样一来，孩子经常会产生罪恶感。孩子会感觉自己一直被监视和审查，从而导致自我价值感下降。当然，父母无疑希望孩子长大后和他们有同样的想法。如果孩子完全向着与父母不同的方向发展，家长就很难观察孩子的走向。但家长不该勉强自己的孩子。如果你现在就在勉强孩子——请务必放手！

挫折和失败是生活的一部分。尽管风险可能会让人痛苦，但是它也可以促使你成长。作为（成年的）孩子，你要为自己负责,不要让风把你从帆上刮下来。亲密的关系不是指追踪对方的一举一动,也不意味着你必须一直解释自己的所作所为。也许理性而带有奉献精神的爱是保持良性交往的最好的办法,这也是一种折中的办法。仔细思考一下,然后自己做决定,不管你现在正站在哪一边。

> 挫折和失败是生活的一部分。

伴侣关系中的自主性

我几乎没有见过喜欢独自生活的人。独自生活不是指有时候独处,留点时间给自己。因为大多数人都会有这种留给自己的时间。留时间独处是一件美妙的事情,但是孤独是很痛苦的。因此,相亲介绍所和在线交友网站的出现也就不足为奇。找到合适的伴侣是相当困难的。维持一段幸福又健康的关系更难。幸运的是,在我们生活的时代,我们能够在彼此信任的伴侣关系中放心大胆地讨论自主这个话题。事情本该如此。

练习

请思考一下,在你的伴侣关系中,什么事在按照你的意愿进行？你想改变什么？你觉得自己有哪些不足之处？你对哪些方面不满？你想在"关系愿望清单"上写下哪 3 个愿望？

1. _____
2. _____
3. _____

说出你的愿望，交换意见，达成协议，并和你的伴侣平等地发表意见。

如果你们的爱好截然不同，这并不意味着其中一方必须放弃自己热爱的东西，做出让双方满意的妥协。

如果你无法忍受婆婆（岳母）或公公（岳父），你应当认真考虑一下，尽量少出席家庭聚会。

> 宝拉讨厌公婆周末来访。她的婆婆会在脑海中想象一个清单，然后对照清单检查他们的屋子，以便稍后提出改善意见。公公则只对自己的儿子感兴趣。本来就不喜欢下厨的宝拉要负责大家的午餐。这一直是宝拉和丈夫克里斯蒂安争执的原因之一。宝拉甚至不想再和丈夫一起生活了。在一次剧烈的

例子

争吵后，他们决定做出以下改变：除非事先约好或者恰逢特殊节日或纪念日，丈夫的父母都不要来访。如果克里斯蒂安愿意，他可以经常去拜访父母，而宝拉可以自主支配克里斯蒂安不在的这段时间。每个周末，他们将抽出一天的时间来一起做饭或者外出就餐。

可行的解决办法　如果你讨厌做某些家务，就去寻找可行的解决办法来摆脱它们：把这些工作委托给其他人，例如雇用一个清洁工，或者与其他家庭成员交换家务内容。如果这些都不可行的话：转换视角，把这些家务看作你对家庭的幸福所做的贡献。只要积极的心态占了上风，一切就好说了。要经常为完成了麻烦的家务而犒劳自己。

情侣之间另一个会引发争吵的议题可能是性生活。对两性而言，对这件世界上最美好的小事情的想法可能成为兴趣扼杀者，也可能成为开胃菜。在这一点上，沟通依然是灵丹妙药。因为那些开诚布公地说出自己的需求和偏好的人很可能会得到满足。

....

练习　你对你的性生活基本上满意吗？如果不，考虑一下如何改善。

你有没有还没和伴侣讨论过的愿望或幻想？如果你找个时机把这些话说出来，最糟糕的情况可能是什么？

_____

_____

当然，有一些非常私密的事情，我们不愿意与别人分享。但这是一个有意识的决定——要么支持，要么反对。

你的性爱技巧如何？

_____

_____

好的性爱不仅需要经验和技巧，而且要求能与伴侣产生共鸣。

总体来说，你们觉得彼此的关系如何？你们的孩子或者共同的朋友会对你们的关系有什么样的评价？

_____

_____

....

请偶尔转换一下视角。这有助于深入了解事情的真相！有时我们认为自己是对的，对情况做出了错误的判断。因此，请时不时地注意外界的反馈。

> **小贴士**
>
> 真爱意味着完全接受另一半的独特性，并且给对方足够的自我发展空间。不要拘泥于已经过时的信条，比如双方在家中扮演固定的角色，或者"宁愿不幸福也不要落单"。进行沟通，传递清楚的信息。不要去责备对方，这只会引起嫌隙和无意义的争吵。如果没有达成共识，就做出让步，但要避免变了质的妥协。双方为沟通的结果承担同等的责任。给人带来很大压力的话题，如果没有经过讨论，就会一直累加。早晚有一天，它们会导致无法避免的"超级恶性核泄漏事故"。

> **?**
>
> 真爱意味着完全接受另一半的独特性，并且给对方足够的自我发展空间。

当你有了孩子，这种方法还会在相应的方面对孩子产生积极的影响。你的孩子会以你为榜样，学会沟通和自主。没有什么比教会他们这些更好了。

作为女性，我想谈一个特别敏感的话题：男性不喜欢强势的女性！这乍一看像陈词滥调，但据我的经验来看，确实如此。能够掌控自己生活的女性会被男性视作竞争者。男性认为好斗和自信是男性的特征。同样，女性会认为不断向她哭诉的男性顶多令人同情，但没有足够的吸引力，不会想与他发展一段恋情。

遗憾的是，男性仍然把女性与无助联系到一起。也许正因如此女性才难以进入管理层，即使取得相同的成绩也难以获得相同的工资。男人想要成为英雄，尤其是在一段感情中。他想要被钦佩，不想让别人的强大反衬出他的不足。

> 女性能激起男性本能的保护欲，并且有时会表现得比实际情况更无助。但是不要马上放低自己的身段，无论如何也不要放弃独立自主。

小贴士

在这里我要对所有的男性说：再坚强的女性也会渴望一个强大的肩膀，希望有一个站在她这边的专属英雄。男人们不可以忘记这一点：强大的女性常常推动恋情、家庭、公司和社会中的决定性变化。

女性绝不应该把男性看作经济保障！女性千万不要冒险把自己的经济安全交给男友或丈夫。你自己的钱不仅仅是养老金，它还意味着一辈子的独立。如果伴侣双方经济独立，自我价值感就会提升。也许双方可以分开休育儿假,这样就不会有一方离开工作岗位太久。你俩也都会知道,抚养孩子和做家务并不比全职工作轻松多少。这会让夫妻理解彼此,通常对孩子的成长也有好处。如今女性应当自主决定自己是否待在伴侣身边,而不是迫不得已,比如迫于没有经济来源。否则,她将不能再像从前那样自给自足。

从时间的长短到时间的质量

加速
VS
减速

你有没有看过一家德国著名连锁超市的广告?一个老人独自在家过圣诞节,因为他那些事业有成的孩子们没有时间陪他。他给孩子们发了自己已经去世的假消息。当所有人都出现在他所谓的葬礼上时,他说道:"我要是不这么做,怎么能把你们聚在一起呢?"然后一家人一起度过了一个欢乐美好的节日。这部感人的微电影引发了争议。有的人认为这部影片对神不敬,其他人则有了重要收获。你怎么看?请思考一下!

如今人们的时间变得十分宝贵。但这并不是因为我们的时间比父母的少,而是因为任务变得愈加复杂,可能性也愈发多样,对生活的期望变得更高。加速的必要性随之出现,减速则必须由自己把握。不管你如何安排自己的时间,都永远不会有做完所有事情、可以高枕无忧的那一天。

> **不会有一切都完成的那一刻。**

很多人都不再能跟上这个时代的步伐。他们已经脱离这个时代，或者说得好听一点，他们像蜡烛一样燃烧自己，烧尽以后也就突然熄灭了。因此，为了防止变成这样，你应该定期做一些能够让你的生活慢下来的、有助于休息的事情。

我们将在后面的章节中谈论压力。目前我想要让你首先依照本能，至少找出 3 项可以让你从日常的单调乏味中跳脱出来的活动。定期提醒自己，并且把这个清单用作指导自己行动的指南。

1. _____
2. _____
3. _____
4. _____
5. _____

有时我们会有这样的感觉，接二连三的任务和预约

让人心力交瘁，也侵占了大量的时间。回归正题，从时间质量的角度上看：做自己的时间的主人！带着明确的目标寻找机会。与那些重要的人共度时光。把这些安排记在日历上，把它们看成和约见重要客户一样重要的事。为生活中的美好事物预留时间。只有这样，你的时间感才会有所改变。因为科学已经证明：我们体验到的新事物和感性的事越多，它们就越能被深深记住，事后的影响也就越持久。

一般来说，共同的经历是最好的关系护理剂。想想在不久的将来，你想和某人一起做的事，认真约一个时间，事先消除可能出现的干扰因素。定期跟孩子一起去看电影，和伴侣一起去饭店吃饭，或者与父母外出散步，享受这样的时刻。回忆一下过去，笑谈一下以前的倒霉事，畅想未来，计划一起度假或者外出郊游，拥抱一下对方，关心对方并且真诚地听取对方的意见。丰富我们生活的正是与他人的联系，特别是与那些我们重视的人的联系。这是真正高质量的时间。

> 丰富我们生活的正是与他人的联系。

小贴士 记得给自己留点时间，用来锻炼、休闲或者培养自己的自主能力。积极主动地安排自己的时间，不要

> 让其他人发号施令。对此你应当怀着坦诚的态度，并且开始行动。

不断提醒自己，你已经失去了没有利用起来的或者用错了地方的时间，因为它一去不复返了。因此，仔细思考一下你习以为常的一周日程。

练习

	周一	周二	周三	周四	周五	周六	周日
上午							
下午							
晚上							

为上午、下午和晚上的固定时间安排活动。请把这张表当作指南，不要当作强制性的指标。

要清楚地知道，你的时间是有限的。很多人会说"如果我早知道……我以为以后还会有时间的"，如果你不想成为这样的人，那就不要冒险追求更多的收益，而应该把时间留给自己并利用起来。

自主性是企业理念的一部分

在新时代的职场上，自主的话题是非常有争议的。对职员来说，多大程度的自主是合适的呢？什么策略最适合培养有创造力的头脑和快乐的面孔，而不是过于听话的人呢？每个企业家都需要自己做决定，最多跟领导团队举行圆桌会议。很显然，不是每个人都喜欢自由，也不是每个人都喜欢灵活的工作时间和在家办公的工作方式。对于很多企业家而言，信任员工的自律性和积极性是一种尝试，也是一项真正的挑战。只有积极的人才愿意舍弃旧的模式和旧的方式。不幸的是，如今的情况还不够好。竞争不会停止。在许多行业，要想获得最好的业绩，仅靠招聘优秀员工和支付合理的薪酬已经不行了。

> 只有积极的人才愿意舍弃旧的模式和旧的方式。

练习

这里有一个非常重要的问题，你可能都没有意识到，这个问题的答案决定了你每天的态度和行为：你相信人性的美好吗？还是更愿意相信人性本恶，人都有惰性？

依照本能，你会怎样描述现代人的基本特征？描述一下自己的看法。

_____

_____

你自己的形象是什么样的？你会用哪些特征来形容自己？请务必保持自我批评的态度，但是别忘了宽容些。

_____

_____

以上两种评价有区别吗？它们显示的倾向是什么样的？你是严厉地评判自己和他人，还是更愿意温和一点？这在一定程度上展现了你的性格、价值观、看事情的角度和人生信条。

_____

_____

....

求职网站 Xing[1] 和市场调研公司 Statista[2] 在 2015 年发布的职业领域调查报告显示，很多职员想要又迅速又灵活地处理私人状况，从而更好地协调家庭和事业，也希

---

1 一家德国求职网站。
2 一家德国市场调研公司。

望弱化工作中的等级观念，以及期待工作氛围更加友善。这是几个比较典型的愿望。

职场上的等级制度

职场等级制度是一个复杂的话题。从原则上来说，它的存在没有错，有时甚至非常有用。关键在于如何去理解和运用它。如果等级制度变成了权力游戏，不再与工作职责和职业能力成正比，一切就变得困难了。员工可能会感觉自主权被剥夺了。那些用这种方式引起不满、展现支配权的人，要么处在压力之中，要么不懂得用其他方式进行表达和交流。

经证明，员工的工作满意度与自主程度成正比，而自主性与工作的成就感直接相关，因此也与工作表现有关。如果一个公司的员工能独立自主，那么这家公司与同行业的其他公司相比，员工更少生病，整体业绩更好，也更具竞争力。因此，给员工更多自由发挥的空间、释放员工的工作激情是值得的。对自己每天的工作安排有更多发言权，是一种宝贵的内在动力。这种内在动力会帮助我们处理日常生活中错综复杂的事情，帮助我们变得公正，最终帮助我们提升生活品质。

> 对自己每天的工作安排有更多发言权，是一种宝贵的内在动力。

你工作的地方情况如何？你想要什么？如何实现这个目标？可以是符合人体工学的椅子和高度可调节的桌子，也可以是更灵活的工作时间，这样一来你就不用每天都遇上交通高峰期。

练习

_____

_____

_____

你工作的地方的等级制度是什么样的？是具有十分明显的等级性，还是更倾向大家平等？如果让你管理一个企业，你作为老板会如何处理等级制度？

_____

_____

_____

在你目前工作的地方，员工对公司决策的参与度让你满意吗？你有没有什么建设性的意见？

_____

_____

_____

想要加薪吗？考虑一下自己是否够格，然后自信地与你的上司谈一谈。现在就挑个日子吧。

_____

_____

日期：_____

此外，根据调查，薪资并不是决定员工满意度的最重要的因素，只要员工家庭财务状况尚可，工作内容的质量显然才是重点。

> **小贴士**
>
> 不要匆匆忙忙地完成工作。不积跬步无以至千里。朝着正确的方向迈出第一步，带着明确的理由坚定地提出自己的请求。

在可以通过应用程序进行侦查和监控的时代，人们对自由和自主的渴望愈发强烈。你对自己和他人的个人信息的敏感度如何？市面上已经出现了一种程序，这种程序可以通过员工的声音及其体现的情绪来分析员工的精神状态，同时将这些信息反馈给雇主。它同时会测量员工的压力状况并评估其大致的身体健康情况。当然，这些举措都是希望员工能够保持健康快乐——这是企业内部促进员工健康的数字化手段。为了预防员工生病导致的亏损，为了节省大额开支，公司无论做什么似乎都是正当的。

同样,面对这样的监控,每个人也要自行决定自己需要有多少自主空间,也要决定进行自我约束及接受如影随形的控制的程度。很多企业以这种技术为荣,把它视为现代和进步的象征。当然,这是革命性的,我们不必去攻击技术手段,但我们不应该忽视这样做的后果。如今,通话记录被公司保存和检查是一件好事,毕竟这涉及质量管理的问题。然后,如果员工生活在玻璃房子里,他们会有什么样的生活品质呢?

当然可以通过休假来提高生活质量,现在很多公司会提供这样的假期,这也是现代的灵活工作模式的一部分。"休假"这个词来自希伯来语"sabat",意思是暂停。假期通常长达3到12个月,要如何安排这个假期,完全掌握在你自己手中:你可以实现毕生的梦想、环游世界、建一个房子、从事社会福利工作、进行与工作相关的进修,或者花更多的时间陪陪家人、去走圣雅各之路[1],或者单纯停下来休息一段时间,防止自己劳累过度。

休假是机会

无论如何,休假会给你完全自主地制定目标的机会。

---

[1] 前往西班牙北部城市圣地亚哥的朝圣之路,这个城市是天主教圣地之一。

这是更清醒地生活和进行彻底改变的绝妙机会，以便日后重返职场时变得更强大且充满激情。过去人们认为休假会阻碍职业生涯的发展，但如今大多数行业都视休假为摆脱平淡无奇的工作状态的勇敢决定。给自己的生活一点刺激，也许你就会发现真正重要的东西！但不要忘了带上这本必读书。

例子

49岁的丹尼尔是一所大型公司的中层管理者，已经工作了二十几年。有目共睹的是，他是一位有才能并且可靠的同事，是公司暂时不想失去的员工。但是他决定离开一段时间。他的婚姻失败了，他把单身状态和自己的年龄看作实现梦想的最佳前提——他想当背包客，游历澳大利亚人烟稀少的内陆地区。首先，他提前一年向公司解释了自己的计划并进行了规划。丹尼尔的老板不太高兴，但尊重他的决定，并承诺保留他的职位。他要求丹尼尔把工作先托付给两位同事，以便他离开后一切还可以正常运作。就像计划的那样，四个月后，丹尼尔带着焕然一新的精神面貌和对生活的兴趣重返工作岗位。他的休假是值得的！

练习

你想过休假吗？你会怎样安排假期呢？第一选择是

什么？值得考虑的其他选择又是什么？

_____

_____

....

> 如果你觉得暂时摆脱枯燥的日常生活或重新找准方向是一个有趣的想法，那就不要等太久。时间不等人。一次成功的休假需要认真的准备，包括关于工作事务的初步安排和财务上的保障。你可以在网络上或书刊中找到关于这个问题的资料。

小贴士

战胜例行事务

在持续不断的单调或致命的无聊面前，你有没有一种自己会被困在日常工作中的感觉？光是在脑袋里想一想自己需要干什么，就已经几乎没有动力做完它了。生活中会有这样的时期——例行事务成了我们生活的主要部分，比如在育儿假期间或照料亲人的时候。但例行事务也是我们在工作中必须考虑的部分。它构成了一个安全的框架，并建立了一种按下按钮就会自动启动的自动化机制。这让我们的生活更容易，因为这不会给大脑造成不必要的负担。这样一来我们可以理清自己的想法，并把能量积攒起来，以便在必要的时候使用。这是非常有益的。

私人生活中的例行事务，比如固定的聚餐或家庭聚会，不仅会给小孩带来安全感和方向感，还会让家人拥有共同经历。例行事务也会有消极的一面，比如它成了单调乏味的义务，或者无聊得让人难以忍受，或者甚至成了我们想要摆脱的坏习惯。

练习

你会把什么词和"例行事务"这个概念联系起来？

☐ 单调乏味的工作
☐ 关系杀手
☐ 安全感
☐ 无聊
☐ 意识不到工作中的错误
☐ 组织、结构

_____

_____

在你选择的词语前做上记号，再加上一些你想到的关键词。

你在工作或私人生活中有没有想要停止的例行事务？把它们列出来并仔细思考。

_____

_____

....

无聊和单调的工作任务可能会引发疾病。要么是因为工作量太少，要么是因为职员的工作素养太高。这样一来人们就会觉得自己没有价值。这些人缺少完成有意义且难办的任务时的成就感。长期下去，职员会缺少动力，甚至患上抑郁症。这种症状与职业疲惫（Burn-out）不同，这被称作职业厌倦（Bore-out），并且与压力有关，因为长期缺乏责任感以及长期降低对自己的要求同样会产生压力。

职业厌倦
VS
职业疲惫

半年前，由于公司境况萧条，亨德里克被迫从外勤人员转为内勤人员。然后他不仅感觉自己不适合这个岗位，而且感到工作的要求太低，完全没有挑战。有时他甚至会假装自己有事要做。他盲目地敲打着键盘，做事忙碌勤快，甚至不时把工作带回家。但是亨德里克不太敢抱怨工作无聊，如今工作业绩是衡量所有事情的标准，大家都害怕失业。这大大折磨着他的自我价值感。因此在一段时间后，他决

例子

定找教练进行相关训练。在训练中他不但不满意，还感到心灰意冷。

试着分别站在亨德里克和教练的角度考虑问题。找个新工作会是合适的解决办法吗？还是说你更愿意先和上司开诚布公地谈一谈？如果你是教练，你会给亨德里克提什么样的建议？

> **小贴士**
> 不要向这种无法令人满意的状况妥协。寻求改变，突破固定模式吧。

此外，工作中的固定模式也会导致自己意识不到工作中的错误。请保持对例行程序和熟悉模式的批判精神。不时改变看问题的角度，与同事交流想法，从外部获得反馈，并通过这种方式保持思维活跃。改变的意愿也是发展的潜力。因为例行事务也可以让人舒适，按照习惯安排日程很方便，这样节省了学习新的模式所需的时间和精力。思考一下，你有没有用这种态度来妨碍自己前进。不过，如果你还是决定按照一贯的固定模式工作，而不是践行尚未经过测试的创新模式，这当然也是你的权利。

> 改变的意愿也是发展的潜力。

下面是几个教你在生活中创造更多变化并以此来丰富生活的小点子：

1. 规划一个与往常不同的慢跑、散步或者骑行的路线，即使必须走更长的路。

2. 走楼梯而不是坐电梯。

3. 在下午茶时间吃梨而不是苹果，吃黑麦面包而不是小圆面包。

4. 中午去另一家餐馆吃饭，或者在食堂选择不同的菜品。

5. 带着你的狗在公园散步时，按照逆时针方向走，而不是像通常那样按照顺时针方向走。

6. 由坐着冥想改为在运动中冥想。

7. 周末和情人去剧院，而不是去电影院。

8. 开始下雨的时候就到外面去，而不是等着太阳出来。

9. 早上看每日新闻，而不是等到晚上再看。到了晚上，给自己安排一些与往常不同的特殊活动。

10. 挑一个与以往通话时间不同的日子给关系亲密的人打电话。如果有双方都方便的时间，去拜访他／她吧。

练习 总结一下其他你可以尝试的事情：

_____

_____

习惯的力量很强，难以打破。如果你想改变生活中的一些事情，那么这些小小的推动可能是一个好的开始。你可以通过做这些事来挑战你的大脑，保持思想上的灵活，随时为突发情况做好准备。下面的练习会让你看到，我们的习惯已经根深蒂固地留在大脑中了。

实践练习 **手拉手试验** | 在身前交叉双手，十指交握。保持这个姿势。看看哪只手的拇指在上面，哪只手的小指在最下面。然后改变手的姿势，依然十指交握，但让另一个拇指在上面，相应地让另一个小指在最下面。现在你怎么看待这个姿势——不太习惯？这时除了"灵光一闪"之外，大脑右半球和左半球还进行了沟通。

> 有针对性地打破常规可以挑战大脑，并且保持思维灵活。

数字时代的奴隶

你和你的智能手机是不是形影不离？你会过度使用手机吗？还是带有一丝防御的心理？只通过智能手机或平板电脑观察世界的人会错过现实。"低头族"总有一天会被绊倒。如果日常生活仅围着应用程序和社交媒体转，我们就会忽视人际交往。通过聊天软件交流没法跟面对面说话相比。当然，你可以提出抗议："这话没错，但也许我真的不想看见这个人，或者没法遇到他呢？"针对第一种情况，你完全没必要花时间和他沟通，而针对第二种情况，我同意你的看法——数字工具也是有好处的。它们拉近了人与人之间的距离，并且带来了进步。但前提是，我们要明白其中的利害，不让自己被数码工具支配。如今很多人很难做到这一点。

> 只有在我们不被控制时，数字工具才会发挥积极作用。

例子

几年前，杰拉尔德创立了一家公司，该公司开发和销售适配健身器材的软件。从那时起，他几乎一直在上网。除了全天候为客户提供服务外，因为不信赖员工的工作能力，他还监督紧急服务。他通过社交网络维系友谊，现在还会花时间在网站上寻找适合一起生活的伴侣。他的母亲享有特权,可以在周末和他视频通话。尽管相隔不到20公里,杰拉尔德却很少去看望他的父母。他为自己的成功感到自豪,认为自己在工作和私人生活中都备受追捧。但是到了年底,这种自我评价开始崩塌。没有人找他过圣诞节,也没有人邀请他一起庆祝跨年夜。杰拉尔德很气恼,也不太开心。也许他过去几年的人际关系十分糟糕?他计划在新的一年里花更多时间来陪伴家人、进行社交。

社交网络是时间杀手

自2007年智能手机问世以来,街头、火车上和其他公共场所的景象发生了明显的变化。因为人们在不断翻看和使用电子设备,所以几乎不会看别人。在公共汽车站、地铁站、候车室和咖啡馆,大多数人都忙着使用智能手机。这景象很可怕。之前需要通过目光和语言交流的事情,如今经常通过网上聊天、阅读邮件或者打电话来完成。一些德国城市现在开始使用地面交通信号灯,以便提醒一直在低头看手机的行人注意交通状况,预防交通事故。

网瘾

德国的一项研究表明,人们平均每天在智能手机上花3个小时。其中,在社交网络上花的时间最多。可以让头脑放空或者只是放松地思考一下的时代一去不复返了。我们永远"在线",每时每刻都可以联系得上别人,但也因此几乎不再能与自己相处。

如果我们在现实生活中,像在Facebook上一样——向陌生人打招呼、给愚蠢的内容点赞、不断分享自己的照片,我们身边的敌人很快就会比朋友多。但你在网络上当然可以这样做。虽然我们在照片上甚至可以越过照片主人的肩膀看到他们的起居室,但在某种程度上,这比面对面接触要陌生得多。有人可能会认为,我们这么做纯属不知道应该如何理性地掌控自己的时间。也许这是出于一种对他人生活的窥探欲?

我们迷人的伙伴(智能电子产品)让我们永远不会落伍,这不仅得益于天气预报、灾难预警和交通堵塞状况检测等众多服务性功能,利用平板电脑还可以控制饮食习惯、精准地进行时间管理、看电视和网购。智能电子产品的用户每天都有更多的选择。对此说"不"并不容易。

....

测试一下:你是否已经对智能手机上瘾了?勾选"是"或"否",并统计相应答案的数目: 检查清单 ✓

	是	否
1.你几乎全部在线上安排生活吗?	☐	☐

2. 你经常用电子产品用来打发无聊的等待时光吗？ ☐ ☐

3. 即使在进行面对面的谈话，你也要把手机放在目光可及的地方吗？ ☐ ☐

4. 如果突然发现自己把手机忘在家里了，你会有种缺了些什么的感觉吗？ ☐ ☐

5. 通信中断会让你觉得不安吗？你会有一种会错过什么的感觉吗？ ☐ ☐

6. 你会在开车时或者其他禁止通信的情况下频繁查看手机消息吗？ ☐ ☐

7. 你有时会因为使用智能手机而有压力或者和人争吵吗？ ☐ ☐

8. 夜里你也会把手机放在床边吗？ ☐ ☐

9. 每次手机铃响时你都会检查消息吗？ ☐ ☐

10. 你是否有时会对自己花在手机上的时间感到惊讶？ ☐ ☐

"是"_____ "否"_____

如果你有 5 个以上的问题都回答了"是"，那么智能手机已经控制了你。你应当认真反思一下自己使用智能手机的情况！

这里有几个可以帮助你的小建议：

小贴士

1. 设置查看消息的固定时间，不要每个消息通知都看，因为这会严重分散你对手头工作的注意力。工作状态对工作成果的影响很大。每天最多查看5次消息，这足以让你不会错过任何重要的会话。

2. 经常把手机调至静音，最好调至飞行模式。自己制定戒断规则。这比日后其他人为你做这些事更有意义。

3. 为了看时间，戴一只腕表。用智能手机查看时间会花费更长时间，还可能再用手机去做其他事。

4. 不要只在线上与家人和朋友沟通。虽然很多人喜欢这么做，但长期来看，这会让人感到孤独。

5. 看看风景，去窗边呼吸一下新鲜空气，不要一直入迷地盯着屏幕。空闲时间不仅有助于放松，而且可以提升创造力、帮你想出潜在问题的新解决方案。

上网成瘾的临床图片尚未被收录进医学教科书，但互联网的使用量早就引起了关注。众所周知，许多文章的质量都很糟糕，许多评论性文章容易造成混乱，无法达到预期的目的。这就需要每个网络使用者都有自我责任感：怎样才能正确地甄选信息并形成自己的观点？因为回复消息和长时间在线，我给自己带来了怎样的束缚？这些只有你自己才能权衡和决定！

自主的勇气和界限

"勇气"一词往往与英勇无畏联系在一起。你也应该在生活中拿出一些勇气来,因为坚持自己的信念、价值观和梦想,以及努力实现自我都需要力量。第四章会详细说明如何为自己做出正确的决定,你会了解到一些倾听自己的心声的方法。不过我想让你们先熟悉一下这块名为"缺少勇气"的绊脚石。

> **主宰自己的人生需要勇气。**

例子

早在十几岁时,艾格尼丝就梦想着在美国的医院当一名主任医师,她甚至喜欢看相关题材的电视剧。毕业几年之后,艾格尼丝在慕尼黑著名的儿童诊所担任肿瘤科医生。然而她仍然无法放弃自己的梦想,因此决定申请波士顿的马萨诸塞州总医院的领导职位。不久之后,她被邀请参加面试,并顺便到美国东海岸度假。她通过了面试,非常开心。但突然之间,她对自己的语言水平产生了怀疑,还怀疑自己能不能交到新朋友、忘掉老同事。她心爱的公寓又会变成什么样?令所有人相当意外的是,她拒绝了这个职位。20年后,她对这一决定感到后悔。如果她当时把握住了这个机会,一切会变成怎样?

走自己的路，设立自己真正想要实现的、现实具体的目标。努力实现这个目标，并把在一段时间内实现这些目标列入计划。想象一下，这感觉如何，下一步要怎么走？然后勇敢地迈出下一步。预先处理你的疑虑和恐惧，而不是在事后处理。有些门只会打开一条缝，而且时间很短。如果不放心，制定一个备用计划，但是不要失去勇气。一旦失去勇气，你所有的努力便会付诸东流。

在日常生活中，我遇到了很多想要自主生活的人，但他们却没有勇气走自己的路。他们谴责别人，向别人诉苦，在困难和阻力面前止步不前，而不是带着信心和信任为自己做决定："我就是这样，这就是我所要的，这就是我所主张的！"从练习和小贴士中整理出完全属于自己的工具箱，并把自己的信念放进去。不要等待别人的邀请，而是大胆地着手去做。你最清楚你真正需要什么，你最重要的人生主题是什么。本书为您提供了宝贵的支持和指导，但是你必须自己完成这个工作。因为只有这样，你才能向前走，日后才能自豪地回望结果。

> 规划一个奖励制度来奖励你或小或大的成就。给自己准备一些好东西。把危机当作成长的机会。一生保持努力的劲头。不要让自己变得越来越被动和不满，因为这是在往错误的方向走！

小贴士

那些想要独立自主地生活的人,也应该考虑清楚自己的方向,以及自己的选择会在哪些方面侵犯别人的利益。每当我们为了自己的愿望而忽视其他人的需求,或者以牺牲同伴为代价来行事,就会出现道德问题。如果你这时依然遵从自己的直觉,并且有意为之,这肯定不会让所有人都满意,但你可能也不会做出对别人不公平的事。在我看来,会让别人受到伤害的一切举动都超过了自主的范围。通常这是由自我认知偏差导致的过度自信。

这本书不提倡混乱,也不支持以自我为中心的行为。我想鼓励你们为自己的需求和欲望负责,但同时也要带着同理心和对他人的尊重行事。我们人类需要集体和共同的价值观。不过,我们每个人都有权拥有自主的生活。当某件事不合你意时,就简单明了地说"不"。给自己留出更多空间,自己决定在什么时候想要跟谁一起做什么事,以及什么时候不想。仔细探寻这个"度"。这将帮你了解独一无二的真实的自己。

每个人的价值观都不一样

但请记住,别人有不同的观点和信仰。强迫他人接受自己的观点是没有意义的。让你的同伴拥有自己的观点和看事物的方式。要做到这点,就要宽容,尊重他人本来的样子,不管他们的社会、宗教和文化背景是什么。只有这样,自主性才能在社会关系的基础上发挥作用——

所有人都有更多的自由。然而，许多人没有学会认真对待和尊重自己，而这恰恰是认真对待和尊重他人的前提。

> **认真对待和尊重自己是认真对待和尊重他人的前提。**

用改善家居空间对抗犹豫不决

如果你想要有主见地生活，就应该确切地知道自己想要的是什么。这听起来很容易，事实并不一定如此。比如你之所以在读这本书，一定有相应的原因。也许你这么做完全是凭直觉，甚至不知道原因。在这种情况下，最好寻根究底，并且通过去除不重要的东西，将自己的目标与目前的状态相结合，一步步地揭开谜底。

你有没有一直想要实现的愿望或目标？　　　　　　练习

_____

_____

相应的阶段性目标可能是什么？

_____

想象一下，如果目标达成，这会对你的现状有什么影响？到了那时，你可以适应这种感觉吗？这会满足你现在的需求吗？

有时候，我们追寻着那些并不想要的东西或在即将达成目标时突然觉得毫无意义的东西。这些例行事务和所谓的义务早已失去了意义，但我们仍然出于习惯或责任感在完成它们。这会夺去我们本可以更好地投入其他地方的精力。

生活中的哪些方面会让你感到有压力和没有安全感？你认为哪些活动和责任是不必要的？如何用有意义的事情取而代之？比如，想想你不再喜欢的业余爱好或已经很久不联系的过去的朋友，或者在工作方面，想想那些实际上没人用的统计报表。

你目前主要在忙什么？这与自主人生的目标一致吗？

我从家居整理专家那里了解到，没有用的东西其实是被压抑的能量，这对我们的身心健康有深远影响。你能体会摆脱多余的东西的那种放松感吗？这为一些新事物创造了空间，这些新事物并不一定是物质上的。另一方面，停滞的能量会让我们失去让一切运转起来的力量和活力。我们变得懒惰，不知不觉失去了本心。这样一来，自主就变成了一个永远遥不可及的目标。但它并不是那么遥远！

> 这些用不上的东西其实是被压抑的能量。停滞的能量会妨碍事情步入正轨。

例子

萨比娜和约尔格曾经是狂热的狂欢节爱好者。他们喜欢和朋友一起庆祝狂欢节。每当有什么活动要组织，他们都会参与其中。狂欢节的高潮当然是玫瑰星期一[1]游行。从圣灰星期三[2]开始，他们已经在期待着下一年的玫瑰星期一了。但是随着时间的推移，他

---

1 玫瑰星期一是德国传统狂欢节的高潮部分。玫瑰星期一的时间为每年二月的第二个周一，是长达3个月的狂欢节的最高潮，也是德国狂欢节结束的前一天。玫瑰星期一有两项主要内容：化装大游行和化装狂欢舞会。
2 也称"大斋首日"。当天教会会举行涂灰礼，象征悔改。

们的兴趣逐渐改变了。他们的朋友圈变了，与老熟人的共同话题也变得越来越少。狂欢节活动对他们来说渐渐成了一种想要摆脱的义务。比起化装、去酒吧，如今他们更愿意一起去剧院或者泡温泉。但他们仍然会参加狂欢节，因为不想让其他人生气或者伤心。

练习

你有没有其实并不想参加的义务性活动？立刻跳入脑海的是什么？

_____

_____

请坚持想出从困境中脱身的方法。不要把时间浪费在你早就不再抱有热情的事情上。

还有什么可以丢掉的东西？仔细看看房子各处：阁楼、地下室、衣柜、车库。列出一个清单，干劲满满地行动起来吧。

_____

_____

> 其他人可能会想要那些你想扔掉的东西。把这些东西送给他们。这会让你们都很开心。

定期清理房屋和内心是一个好习惯。留心自己在某些特定的情境下或者与特定的人相处时会想些什么。哪种思维模式会伤害到你，哪种会让你变得更强大？放弃让自己有负担的模式。这样一来，"春季大扫除"这个词就有了完全不同的含义。如果你想要了解更多信息，请参阅第二章的"心灵契约"一节。

我们的思想是不稳定的，总是在变化。这不在于你想了多少，而在于你在想什么。你想法的质量决定了你的生活质量。消极思想让我们变弱，让我们感到不安；生活有时不尽如人意，乐观的思想会把我们的注意力转向积极的方面，即使有时候生活的重担要压垮我们，乐观的思想也能让我们重新站起来。

自主决定死亡

我们不能选择何时何地死亡，但是死亡是生命的一部分，尽管是最后一部分。谁也不清楚在那之后会发生什么。即便如此，我们处理死亡时也可以更加独立自主。你可能会疑惑：怎样才能做到这一点？事实上，我不想陷入尴尬的境地，也不想谈论法律的灰色地带：人类是否有权有尊严地结束自己的生命。这超出了本书的讨论范围。但是我想在预防措施方面给你们一些建议，很多人不了解这些预防措施，或者单纯不想操心。但是如果真到了你没有能力表达自己的愿望的时候，它们就显得非常重要。

例子　　卡尔·海因茨一直身体健康、乐观开朗。不管什么样的天气，他都在外面工作，同时保持健康的生活方式。虽然以前没有发现任何先兆，但在他退休前不久，严重的心脏病突然发作。他活了下来，但现在非常需要照顾。他从来没有和妻子谈论过自己可能需要照顾的问题，也没有和不知不觉中已经成年的孩子们讨论过这个问题，而他现在不再能清楚地表达自己的想法。他的家人都全力支持他。不过，他显然丧失了乐观地生活下去的勇气。所有人都束手无策……

生前遗嘱　　如果发生意外，比如患上威胁生命的疾病或在晚年精力下降，你有没有考虑过签署生前遗嘱？这是一份预先签署的书面文件，针对的是你不再能有意识地表达意愿的情况。此处还涉及医疗措施、护理措施和财产管理。如果遇到紧急情况，亲属一定会帮助你。但是如果你在具有法律效力的声明或者决定上做出了相应的要求，配偶或子女在未被全权授权的情况下就无法在法律上代表你。然后，这个工作会由依照法律程序聘请的顾问负责。

练习

为避免不幸，以及为了让你的愿望尽可能地被考虑到，请你设定一个3个月以内的日期，在那个日期之前你都应当仔细思考以下问题：

如果我依赖别人的帮助会怎么样？
_____
_____
_____

谁为我办事及做决定？
_____
_____

谁管理我的财产？
_____
_____

谁为我组织必要的医疗救治？
_____
_____

紧急情况下我想要得到什么样的救治？应当被救治

到何种程度？

_____

_____

　　　　截止日期：_____

第二步，勇敢尝试生前遗嘱，即使最初这会让人感到不安。但想一想，届时一切都会按照你的意愿来处理，这就会更容易让人接受。不要忘记告诉家人你签署了这样的文件。如果文件在紧急情况下没有被发现，就失去了意义。

小贴士　　预防措施和医疗救治的委托书提供了高度的自主可能性。放心大胆地和你的医生讨论这件事。

急救指南

在深入探讨问题的核心，看看为什么很多人更喜欢不同的生活之前，我想给你一个应对突发情况的急救指南。当你感到紧张、压抑、无法行动时，你可以：

1.反复深呼吸以保持内心平和。

2. 仔细列出出现在你身上的情绪，但不要将自己与之挂钩；所以不要说"我很生气"，而是"这里有愤怒情绪"。这样做可以把自己和感觉分开。你成了自己内心活动的观察者：这里有愤怒，而我在这里。如此一来，你可以冷静地观察你的愤怒，并且自己决定给它多少"发展"空间。如果你投入很多精力，愤怒就会变得更大。另一方面，如果你与情绪保持距离，头脑就会变得更清晰，自己也会变得更加有行动力。

3. 勇敢地说出自己真实的想法和愿望。明确无误地表达，不要拐弯抹角地兜圈子。

这3个建议将帮你记住独立自主的目标。定期进行练习。慢慢地，尊重自己的需求、维护自己的权利对你来说会变得更容易。你会随之成长，随着内心态度的变化，你对外在世界的态度也会变得不一样。还记得身体与心灵的联系吗？术语叫作"具象化"，即让具体的情绪在身体中转化。通过改变自己的态度，你可以改变对他人的影响。也许今天你面对这个世界时还弯着腰、低着头，通过一些练习，你会挺直腰板、昂首挺胸，神采奕奕。这样一来，未来毫无疑问是令人愉快的！与此相关的更多内容可以在第二章的"具象化"一节中找到。

结论

许多人随意安排自己的日常生活，似乎在等待着什么。在等待时，人生就这样过去了。生活不是等候室。如果你想要得到什么，你就应该为之努力。如果你想要更加自主，就应当先搞清楚自己的需求和愿望。首先确定你的立场，然后着手消除绊脚石，铺平道路。不要认为自己的生活取决于周遭的环境。这样想的话，未来也许真的会这样发展，一切助力都会消失。

相反，考验一下你的人际关系和工作环境，不要害怕自己的勇气。请记住，对自己负责是自主的必要组成部分。准备好为自己的行为负责。仔细探索你行动的边界，并定期清理你的生活空间和精神思想，为生活注入新的活力。定期关闭网络，将它替换为发展人际关系。使用"急救指南"来处理让你喘不过气来的突发情况。

下一步你将学习如何加足马力，同时学会更加了解自己。

2
学会认识自己的价值

真正的自信只能从自我认知中获得，这不是什么秘密。所以不要害怕为了与自我和谐相处而把时间花在关心自己上。这和自私自利不一样。利己主义是以牺牲别人为代价来获取利益，一意孤行地谋求自己的利益而不考虑损失，这不是我们的目标。

为了遇到事情时能明确立场，你必须拥有良好的自我认知。当我们缺乏对自我价值的深入了解时，便会将自我价值依附于金钱、成功或权力等外在条件上。对有的人来说，这种模式在很长的一段时间内都运行得很顺利；另一些人甚至对这种依附深信不疑，并且紧紧抓住这个假象，以逃避恼人的匮乏感。但长远看来，这并不是一个明智的解决方案，因为若仅仅追求外在形式，我们是不会对自己感到满意的。

现在你一定在问自己：那到底什么才是解决办法呢？答案就是，你要认识到，自卑感是一种误解！首先，你要把注意力转移到内在上，然后你便能将内在的独特潜力发挥出来。

> **?** 为了遇到事情时能明确立场，健康的自我认知必不可少！

追根溯源

为了探究自我价值感的动力，就要对其追根溯源。不妨从童年时期的经历入手。童年经历对我们之后的人生影响很大。来自父母、兄弟姐妹和朋友的否定意见和负面信息会在你的童年刻下印记，常常直到成年还残留着影响，即便这些话是旁人未经考虑就随口说出的，或者甚至是以善意的方式说出的。这些言论塑造了我们自身的信念，与其说这些话对我们有利，不如说这些话对我们有着巨大的影响。

举个例子，倘若你之前时常听到有人说你傻傻的、笨手笨脚的，或者说你对于某种体育运动来说太胖、太高、太瘦或者太矮，那么，你在选择个人爱好时很可能有意无意地受了这种说法的影响。你可能会对客观上适合你的体育运动产生反感，或者不断与失败的恐惧进行斗争。所幸不是所有消极信息都会产生太大的影响。尽管如此，诸如此类的很多信息影响持久，并让人长期缺乏自我价值感。这会导致我们在很多方面不相信自己，我们会抱怨着自己的外表，一直等待，却不行动，直到这些"预言"发展成为现实。

例子 彼得在童年时期非常聪明伶俐，好奇心很强，但他的家人并不为此感到高兴，因为他总是提问题，尝试不同的事物，做各种各样的实验，还插手与他的年龄不相符的事情。他的父母很少陪他，对他活泼的天性也少有理解，彼得因此认为父母的这些反应都是对他的否定。这让他变得内向胆怯，不把自己的奇思妙想和好奇心当作天赋，而是当作负担。成年后，他选择了一个不需要展露个人想法的职业，就这样一直生活在备受折磨的感觉中，无法发挥他的潜力。

童年经历的影响 话语有创造力，遗憾的是它同样也有破坏力。它们塑造了过去、现在和未来。如果你是男人，可能知道这个说法:"印第安男人不知道痛苦,也不知道眼泪!"——当一个男人深信自己无权拥有情感时,他以后又该如何允许感情的存在和表达呢?女人则可能更常听到:"你这么懂事的人,肯定可以理解这件事。"当父母用这种方式让你相信你无法捍卫自己时,你就知道自己为什么时常要为了考虑其他人的感受而让步了。这样做的结果是:你习惯为他人着想,却不关注自己的感受。

好消息是:不必再这样下去了!你可以对自己的一直相信的说法进行测试,分析它们,反驳它们,必要的话将其转换为积极的肯定。

练习

可以试着鼓起勇气回顾童年经历,鉴别和舍弃过时的、沉重的回忆。虽然一开始说起来容易做起来难,但这样的做法可以为未来卸下负担。为了完成这一步骤,可以拿起一张你和家人的照片,仔细观察它。第一步,请只思考与自己有关的部分。如果手边没有照片,就闭上眼睛勾勒一幅图像。第二步,思考你的父母在你的童年向你灌输了哪些价值观和相应的信息,把它们记录下来。所有记录下来的信息也能形成视觉感受。通过这种方式,事物间的联系会变得更明显,也更容易理解。

如果（一下子）想起来的只有积极的内容，那么也要列出它们。为你在这种环境中长大而开心吧！

如果出现消极的信息，那么下一步就是思考如何把它们转化成积极的信息。

写下你新的处事原则，并将小纸条放在或贴在你总能看见的位置，这样一来，你便始终能对这些内容记忆犹新。而那些旧的指导原则，你可以通过某种仪式摆脱它们，例如把它们写在小纸条上，然后带着仪式感，烧掉或者撕碎纸条。如果它们日后又冒了出来（这并非不常见），不要生气，有意回忆一下新的原则。随着时间的流逝，旧的原则会被新的覆盖，并从你的脑海中消失。为你在获得自我价值感的道路上所取得的每一个进步赞美自己吧，因为你真的值得！

自省和人际关系在自我价值感的发展过程中起着重要作用。"镜像效应"是指被他人重视和认真对待。如果一个孩子不能通过他人了解自己的形象，他就会感觉 自我价值感的本质自己孤身一人，感觉自己被其他人排斥。这会导致自我价值感得不到发展，孩子就会缺失自我价值感。这样的经历储存在大脑中，在孩子成年后依然不知不觉地造成影响。相反，如果我们在熟悉的人的眼中是重要的、可爱的，我们就会自然地接受他人的友善和关照。这种情况下我们不会觉得自己有很多不足，而是更愿意把我们在他人的关怀中所体会到的积极感受传递给其他人，更愿意去感受爱和感激。自我欣赏是自我价值感的本质。

小贴士　　能够明显感受到爱和鼓励的孩子更容易拥有自我价值感。一直被劝诫和批评的孩子则不是这样。一个从来没有经历过镜像效应的孩子一生都会通过他人的赞扬来肯定自己。在教育自己的孩子或和其他人交往时，请记住这一点，因为陌生人也可能对一个孩子产生巨大的影响。

心灵契约

信念　　个人信念不是只在童年时期形成，它的发展会伴随人的一生。信念源于某些令人印象深刻的经历，或受到长期的经历的影响。这决定了我们在这个世界上的行为和感受。例如任何相信生命是礼物的人，都会带着快乐和自信期待每一天，在别人眼中，他通常显得特别强大，他的抗压能力很强。客观上讲，大家当然都会遇到困难，但这些人似乎更善于克服危机，并且充满自信地期待着未来。这是因为在大多数情况下，这些人的心灵契约展现出了积极的信念。

有些信念具有很强的蒙蔽性，我们觉得这些信念就是事实。一个人所处的大环境如果笃信一些信条，那么在其中成长或生活的我们更容易被同化。这些信条塑造了我们的思想和对待生活的基本态度。悲观主义者会说："爬得越高，摔得越惨。"乐观主义者则会坚信："没有什么是不可能的！"

仔细思考一下：哪些信念和心灵契约决定了你的生活？再想想这些信念是如何产生的。

练习

_____

_____

先放下手头的事，更加仔细地观察一下当下决定你思考、感受和行动方式的信念。你对成功、金钱和自主的信念是什么？你是否深信生活会给你带来成功和财富？还是说，你认为其他人值得得到更多？

_____

_____

通过思考，一些隐藏了很长时间的思想可能会浮出水面，正是它们暗中作祟，让你很难自主。

通过反思和观察，你发现自己有哪种倾向？你是相信生活会温柔待人，还是坚信每个挑战背后都暗藏危险？你会把破产、坏运气和困难归咎于自己吗？

_____

_____

....

例子　　马克斯是一名自由职业者。他工作出色，但每次谈完合约，他都会闷闷不乐地回家。他觉得没有把自己的劳动成果卖个好价钱，这让他很郁闷。在练习时，他反思了自己的信念，认识到自己从小就用消极的态度对待金钱。他的信条是："金钱会引起争吵！"因为他的母亲和舅舅曾因遗产继承问题进行了非常激烈的争吵，两个人甚至不再联系。马克斯还是小孩的时候就不能和他亲爱的舅舅来往了。马克思有意将信条修正为："我的作品值得好价钱！"从那以后，他在谈判中变得强势了些，能够更好地阐述作品的附加价值，也能更自信地坚持自己的观点。

> 你的信念设立得越好，你就越有可能在一切处境下获利。

> 如果注意倾听自己，就可以深入了解自己！

小贴士

图像的力量

没有什么比图像更能长久地打动心灵。它们能够调动情绪，并且确实能给人留下深刻的印象。现在回忆一下柏林墙倒塌的情景或纽约双子塔燃烧的景象。你一定还记得当时的景象，而且未来很长一段时间内你可能都不会忘记。如今，媒体用各种各样的方式影响我们，始终给我们提供最新的信息。我们每天接收大量的图像。它们向我们传达某些关于生活和美的理想，使我们震惊，提升我们的捐赠欲望，提醒我们环境污染日趋严重。广告心理学尤其擅长利用图像对潜意识的影响。广告通过各种各样的颜色、形状和信息，吸引我们的注意力，并经常使我们冲动消费，甚至令我们购买之前完全没有听说过的产品。

我们应当学习解读图像，学会利用带有积极影响的图像对身心健康的治愈力。这种想法已经在瑜伽中应用

积极图像的治愈力

了几千年，比如做山或者英雄的姿势。你可以像一座不惧风雨的山峰那样站立，强大而安静，或像远方的英雄那样站立，骄傲而自信。这些都是可以唤醒我们内在力量的景象。

再比如，通过在心里把自己比作一棵树，我们可以推断出自己的生活状态。如果让你绘制或想象象征自己的生命之树，它会是什么样的？是高大，还是矮小？树干强壮，还是纤细？树根健壮，还是细弱？树冠长得如何？枝条如何？它是否有足够的生长空间？如果我们想在自己的生活中做到自觉和自主，就必须脚踏实地。参照自然界健壮的树木的图像，并默默地想象它们的样子，我们也能够在内心培育出强大的树木——我们要学会深深扎根，站在自己的土地上，毫不退却地面对生命中的风雨。

实践练习

◎

树木冥想 | 采取直立的姿势。如果你熟悉哈他瑜伽中的树姿势，也可以采用这个姿势。或者选择一个稳定的、可以放松臀部的站姿，最好赤脚，如果你喜欢的话，也可以在户外进行。直起身来，重心向下沉，头顶向天花板或天空伸展。放松你的肩膀，利用背部肌肉的力量，让两片肩胛骨靠近，同时挺胸。双臂向上抬起，越过头部，

轻柔地将手掌按压在一起。你的身体现在是树干,手臂象征着树冠。

闭上眼睛,把注意力集中在脚部,默默感受每只脚趾的存在,感受它们压在地板上的力量,感受前脚掌、脚心和脚后跟。在想象中,你可以将脚的轮廓画在地板上,就像你想留下印记一样。平衡自己的身体,确保全身的重量平均分布在双脚上。

感受稳定的站姿,想象双脚钻进了地面,像树木的根部一样在土壤中生长,这让你的生活更加稳固。它们从土壤中汲取营养,然后供应给你。在放松地呼吸的同时,感受全身肌肉的力量,保持气息不受影响。

下一步,把注意力转移到树梢。这不仅是许多鸟类筑巢和栖息的地方,也是其他生物的栖身之地。它生长了多年,每个季度都在变化,这代表你与其他人的相遇,代表着别人的来来往往,以及成长、茁壮或者随着时间的推移而消亡的想法,这些想法就像没有得到足够的营养或关照的树枝一样。

用足够的时间观察你的树。试着用你所有的感官来感知它:可以听到风声和鸟鸣吗?可以闻到花的芳香吗?

每当你决定离开这个画面时,深吸一口气,把这种坚实稳固的感觉保持一整天。

....

如果你想象力丰富,那么你可以以各种形式使用这个方法,比如将目标形象化,或者想象你喜欢的地方,在那里休息和放松。想象力在这种情况下是没有界限的。

自我价值感对健康的影响

稳固的自我价值感对健康也非常重要。长期来看,有意义的生活和与他人的交流会让我们更加坚强。不自信则使我们容易受到伤害,感到自己被攻击,并且可能会感到紧张,做出有敌意的反应,或者把自己隐藏在冷静的外表之下。很多人畏惧挑战,因此过着妥协于现状的不幸生活。他们选择错误的伴侣或错误的工作,因为害怕自己不够格。他们通常缺乏安全感,避免让自己成为关注的中心。这导致他们感觉被忽视,往往无法充分发挥自己的潜力。

那些有健康的自我价值感的人,态度则完全不一样:他们知道自己的长处和短处,并且能将两者处理好。他们可以清晰地表达自己的观点,并充满信心地展望未来。

> 稳固的自我价值感有益于健康。

检查清单 ✓

准备好做一个简单的测试了吗？

你对自己的价值了解多少？请勾选"是"或"否"，并统计相应答案的数目。请避免"也许"这样的模棱两可的答案：

	是	否
1. 你可以马上列出自己的5个优点吗？	☐	☐
2. 你知道自己在生活中经常出现哪些弱点吗？	☐	☐
3. 你有没有好好吃饭、锻炼和睡觉？	☐	☐
4. 你会时不时地为自己取得的特殊成绩而奖励自己吗？	☐	☐
5. 你能够接受别人的恭维吗？	☐	☐
6. 你想看到自己的照片吗？	☐	☐
7. 在讨论中你会坚定地坚持自己的想法吗？	☐	☐
8. 你能自信地处理失败吗？你觉得自己应当活在当下吗？	☐	☐
9. 你能坦率地面对别人吗？	☐	☐
10. 你认为自己的工作有意义吗？	☐	☐

"是"：_____　　否"：_____

....

请计算"是"和"否"的个数。我猜你已经推测出自己属于哪类人，因为这不是一个深度心理测试，而是一个让你集中精力思考的过程。如果你有5个以上的问题都回答了"否"，请无论如何仔细思考一下关于自我价值的问题。

意义　对第10个问题再做一个简单的解释：意义感不仅能让人变得更加沉着冷静，而且也能在你前进的道路上给予指引。所有我们觉得有意义的东西都激励、鼓舞着我们。相反，毫无意义的感觉和态度会使我们放慢脚步，变得冷漠。如果人们认为自己的日常工作多余且没有意义，就会发生这样的事情。如果自己的工作与个人的目标和愿景无关，只是为了谋生，人们就会缺乏激情和动力，沮丧和不情愿的情绪则会越积越多。

每个人都以自己的方式定义"意义"。例如，街道清洁工可能会认为自己的工作比股市专业人士的工作更实用，后者每天因为如过山车般不断变化的交易行情而承受巨大压力。街道清洁工可以根据工作地点确定日常工作，对社会做出重要贡献，还能与人接触。与股市专家不同，清洁工知道确切的下班时间，不必担心委托人不满意，他们也不会承受的重大损失。

例子 诺拉觉得她的工作没有意义。作为大型保险公司的办事员，她薪水可观。不幸的是，金钱是她在工作中获得的唯一的东西。她这样形容自己的工作："从早到晚，我翻阅表单，检查它们是否正确。我寻找漏洞和陷阱，把投保人推向它们。"一个年轻的同事休育儿假时，诺拉接管了她的工作，其他工作并没有减少，诺拉感到越来越绝望。她强忍下自己的挫败感，结果偏头痛却持续发作。于是她经常告病休假，直到终于鼓起勇气辞职。

我的许多客户渴望自己创业，因为他们认为这样一来自己可以过上更加自主的生活。事实的确如此。但是创业有明显的优点和缺点。独立绝不等同于无限的自由。自己需要为自己负责的问题也更加突出。如果你想走这一步，我只能鼓励你这样做，但千万不要贸然行动，也不要在不了解自己的长处和短处的情况下开始创业。

光与影的共舞

找寻真实的自我并接受自己的长处和短处，是获得更多自我价值感的决定性步骤。完美不是必需的，但稍后会对此有更多要求。安德烈亚斯·布拉尼曾在歌中唱过："嘿，别对自己这样刻薄。跌倒了也没关系，即使一切崩塌，生活依然会向前进。"处理生活中的光明和阴影，以便更好地认识和了解自己，这是非常振奋人心的。回想一下，你甚至可能会理解之前觉得并不理性的决定。有时我们会发现自己还有另一面，以前我们甚至从来没有意识到这些方面。你可能一直认为，某种特定的经验会为你扫清脚下的障碍，但你之后却惊奇地意识到，自己是在用果敢克服这个挑战。

如果你想要获得一种伟大的感觉（不要把它与骄傲自大相混淆），你应该意识到自己的长处，让它们发挥作用，并且完全接受你的弱点。有光的地方也总是有阴影，反之亦然。有些人甚至从来没有想过自己有多棒，因为他们已经被旁人说服，认为自己身上没有什么可爱之处。事实上，我们每个人都值得被爱，并且在内心深处也有能力去爱别人。

练习

你有什么天赋？

学会认识自己的价值

其他人会因为什么称赞你?

你生来就有哪些长处？哪些长处是你自己通过努力得来的？

你有没有什么如今要特别感谢的本领？

你有什么不太拿手的事情？

你感觉自己的障碍和极限在哪些方面？

你的不足之处对日常生活有哪些影响？

_____

_____

....

优点和缺点　　找到一个需要你的优势并接受你的弱点的环境。这适用于你的职业环境、伴侣关系和朋友圈子。也许你从未意识到自己在和错误的人交往或身处错误的社交圈。通常对立的两极会互相吸引，在关系层面上，情况也偶尔如此。这让事情变得非常令人兴奋，有时也会让人筋疲力尽。如果双方都意识到了不同之处，又想维持关系，两极也可以完美互补。如果每个人都只认为自己的观点是对的、有价值的，并且一直坚持自己观点，那么他们就不会更加亲近，关系就会趋于失败。在职业生涯中，情况也是类似的：如果你的工作内容大多是你不擅长的事情，而不是你拿手的事情，那么你很可能短期内无法获得晋升。

有一件事你不应该做：把自己和别人进行比较。因为这一定会让你觉得不快乐。你应该反过来学会欣赏自己的独特性。如果你真的一定要把自己和谁进行比较的话，最好是和自己进行比较——比如阅读这本书之前的自己和之后的自己，完成工作之前的自己和之后的自己。

> 不断将自己和别人进行比较毫无益处。

小贴士

创建一个"成功日记"。你可以在本书的附录中找到相关的模板。每天晚上记下当天进展特别顺利的事情，以及当天的成就。通过这种方式，你可以回顾自己的成就。如果你更喜欢"成功周记"，就记下本周的成果，到了周末再仔细看看。你一定会感到惊喜——除非你把目标设得太高，以至于很难达到。如果是这样的话，你也应该仔细想想。因为过高的目标总是让你的成功显得微不足道。最好的情况是：保持一种健康的平常心。

有些人完美地掩盖了自己的弱点，以至于别人都不会发现。想象一下，你在面试中声称，自己天生就能通过电话招揽顾客，但实际上，在呼叫中心工作并不适合你。你工作的第一天感觉如何？做这份工作时，你还能开心多久？你要不断欺骗自己、表现自己，这是非常累人的，而且实际上这与自主和健康的自我价值感无关。让弱点呈现本来的样子吧。保持真实！

内向和外向

闲谈？谢谢，不了！

我们生活在一个外向的世界里。现代科技让我们随时随地被人找到，也让我们能随时随地观察别人。这让喜欢把更多注意力和精力放在内心生活上的内向人士感到为难，因为他们通常对环境很敏感，不喜欢成为众人的焦点。他们天生能体谅别人，喜好和睦，富有同情心。内向者往往是特别好的倾听者，富有创造力和激情。他们经常需要休息，需要一些独处的时间，比如在大自然中思考或放松。他们谨慎地权衡风险，不喜欢肤浅的闲谈。外向的人往往认为内向者不爱交际、不灵活，有时甚至稍显胆怯。

外向型人才的优势在于他们对新事物的热情、自发性和勇于尝试的精神。他们一般可以迅速适应新情况。他们中的许多人认为自己很外向，更喜欢和同龄人为伍。在交谈时，他们通常停留在表面，喜欢表现自己。外向者需要大量的刺激，而内向者则感觉自己在平静的氛围中最有效率。

所以外向的人和内向的人各有优点和缺点。如果他们能更好地意识到这一点，就不会互相看不顺眼，而是互补。当然，这两种人也可能会表现出对方的特质。在遇到特定的人生事件或特殊压力时，外向者可能会做出相当内向的反应。反过来，内向者也可能在某些情况下做出相当外向的反应。这种分类主要基于个人需求的基调和认同感。因为只有当我们知道自己真正需要什么的时候，我们才能真的照顾好自己。

> 只有那些知道自己真正需要什么的人才能照顾好自己。

如果 0 代表外向，10 代表内向，从 0 到 10，你给自己打几分？估计一下，并根据自己的特点做一些笔记：

0　1　2　3　4　5　6　7　8　9　10
内向　　　　　　　　　　　　　　　　外向

_____
_____
_____

你在开放式办公室工作吗？你觉得自己在工作场所受到了很好的照顾吗？

_____
_____

你喜欢很响的音乐和挤满了人的酒吧吗?

你总是在寻找刺激,还是更害怕过度刺激?你愿意放手一搏,还是想尽可能规避风险?

你更喜欢站在聚光灯下,还是更愿意做幕后工作?你更喜欢在舞台上的感觉,还是更喜欢在后台的感觉?

如果你喜欢舞台,但你的优势是幕后工作,你可以有针对性地努力扭转这个局面。这可能不太容易,但并非不可能。你会更富有经验,也许你还会发现一个新爱好。

在社交媒体上,内向者与外向者的交流方式也大不相同。一种人到处留下自己的身影,另一种人则力图避免使用社交媒体。无论使用哪一种交流方式,最后的落脚点都是要给自己创造一个适合自己天性的、可以在其中顺利发展的环境。

> 了解自己可以提升自我价值感。

> 自从赛娜和埃里克在几年前意识到双方的性格完美互补以来，他们就过着美满幸福的婚姻生活。埃里克是一家大型银行的分行经理，工作很有热情，业务精湛。赛娜是一家诊所的治疗师，富有同情心，热爱大自然。赛娜喜欢去剧院，但埃里克更喜欢去听音乐会。赛娜更愿意待在幕后，埃里克则高兴地在人群中交谈。他们相处得很好，各自享受自己的自由。如果他们共度时光，就会做两个人都喜欢的事，而且他们总是重视对方的陪伴。

<small>例子</small>

没有哪一种性格更好，也没有哪一种性格更值得被认可。两者最好互补，并互惠互助。

具象化

我虽然不是医生，但作为心理治疗师和物理治疗师，我和很多承受着巨大精神压力的人和过度劳累者打交道。我的任务是在治疗过程中，在精神上支持这些人，让他们激发自我治疗的力量，并鼓励他们好好照顾自己。在这个过程中，个人态度与生活、健康之间惊人的相互作用会反复出现。态度就是经验的体现。情绪与生理反应密切相关。

<small>自我关怀</small>

当我们感到沮丧或悲伤时,那种感觉就会通过我们的行为表现出来。此时通常肌肉松弛,肩膀下垂,视线下降,步态软弱无力。当我们快乐和自信的时候,情况相反:身体绷紧,姿势挺拔优美,下巴抬起,目光清澈,步态坚定果断。这就是人类的身心联系,动物界情况大概也是如此。在西方,许多人很难接受这种身心一体的概念,因为他们已经学会将身体和心理区分开来。但实际上这几乎是不可能的。而且这个事实有很多用处:我们可以利用这些知识来调动自己的情绪,使我们感觉良好,因为这个体系是双向的。

> **情绪与身体反应紧密相连。**

你知道为什么在冥想练习开始时,要有意采取直立的姿势吗?因为在大多数情况下,我们在练习冥想时,身体姿势会展现出我们的内心状态。如果体态端庄挺拔,那么它就会将这样的感觉传导给我们的内心——我们会诚实而用心地对待自己和身边的人。在本书后面的内容中,你将学到更多关于冥想的知识。

具象化的现象是我们思想和情感的化身,它渗透到了生活的方方面面。

人猿泰山练习 | 叉开双腿,站直,绷紧身体的肌肉。双手轻轻握拳,放在胸前,抬起头,轻轻敲击你的胸部,同时微笑着环顾房间四周。用心感受一分钟,这种骄傲的姿势让你感觉如何?除此以外,它还能激活你的胸腺,这会增强你的免疫力,让你精神焕发。

实践练习

◉

尝试不同的姿势,最好站在镜子前面。挺直身体,把手撑在髋部,抬起视线,这样你就摆出了一个积极的姿势。然后大声说:"我是个失败者!"感受一下在你身上发生了什么?平静地将这个句子重复几次。你会发现内心感受和说出的话并不一致。之后,请弯腰,交叉双腿,让自己显得弱小,然后大声说:"我是赢家!"再感受一下,你依然会觉得有些奇怪,因为在这种姿势下,人会分泌压力激素——皮质醇。这种情况下,感受和话语也不一致。然后反过来试一试:以一个积极的姿势说出自己是胜利者,以胆怯的姿势说出自己是失败者。这时感受和话语应该会更加一致。

胜利者和失败者

因此,美国社会心理学家艾米·卡迪建议在面对近在眼前的挑战时,先摆一个十足的胜利者姿势,至少保持两分钟。至少在短期内,这会改变你内心的态度,让你外表上看起来信心十足,因为此时体内会形成睾酮。你重复练习的次数越多,就越能将自信的态度内化,并让它和你的内心一致。保持直立的姿势时,几乎不可能有不好的感觉。你会大吃一惊的!

脚是我们的根基,它能在很大程度上帮我们保持良好的姿态。可惜的是,人们往往忽视这一点。尤其在具象化方面,健康的脚能让人更加坚定地扎根生活。针对性的练习和经常赤脚行走可以强化脚部的肌肉,从而促进身体的稳定,这样你就不会很快失去平衡。

以下是一些你应该经常进行的练习:

实践练习

健康的脚

1.慢慢地让脚掌滚过一颗网球。将尽可能多的重量施加到球上,这不仅可以拉伸和放松肌肉,还可以拉伸和放松脚上的筋膜。每只脚最少练习30秒,最好练习60秒。在开始第二只脚的动作之前,暂时闭上眼睛,用心感受两只脚之间的差异。

2.脚趾张开,成扇形。将身体另一侧的手的手指从脚底往上插入各脚趾之间,就像手和脚在互相问候,轻柔地弯曲和伸展脚趾。

3. 赤脚，到户外的花园或草地会更好。注意舒展你的脚。

4. 找一块平坦的地方，先踩着球走几步，然后用脚后跟行走，接着用脚掌外侧行走，最后用脚掌内侧边缘往回走。

5. 用脚掌站在一个台阶上，抓紧栏杆。然后利用脚部力量抬起脚后跟，再慢慢降低脚后跟。在这个过程中感受小腿肚的拉伸和紧绷。

6. 用让你感觉舒适的方式按摩脚。用手拉伸脚掌和脚背，用恰到好处的力度揉捏每个脚趾。这会放松肌肉组织，让疲惫的双脚再次焕发活力。

....

给自己一个微笑

从今天起，随时随地用挺拔的身姿来增强自信。随着时间的推移，它就会变成一个有益的习惯。此外，经常给自己一个微笑，或者给自己打打气。这会产生神奇的效果！因为微笑时颧骨和眼睛周围的肌肉会被激活。我们的大脑会把这种情况当成一个真实的笑容并分泌快乐的激素。这反过来会对身体产生积极的影响，能让你放松并感受到愉快的平静。因此，带着笑容走遍世界比带着僵硬的面孔度过一天更有意义。

> ❗ 微笑可以让人放松并感受到愉快的平静。

外部的努力不局限于身体姿势，还可以注意声音和发音。不自信的人往往说话声音很小，有时甚至含糊不清。练习响亮、清晰地朗读文字——不一定马上要练习到能当播音员的地步。

实践练习
◎

开启和关闭情绪 | 如果你想尝试双人练习，那么面对面坐下。用两种不同的方式向对方讲述自己最近经历了什么：

1. 带着情绪讲述。
2. 不对事情做评价，只描述事实，不涉及情感层面。

哪种方式让你感觉更舒适？是打开情绪，还是关闭情绪？哪种情况下你感觉自己和对方更真实？情绪是我们的重要组成部分，很难想象没有交流和沟通的生活会变成什么样。

马蒂亚斯还没有完全从癌症中康复。他看起来 **例子**
疲惫无力，自己也感觉如此。仅仅几个星期后，情
况发生了变化。马蒂亚斯又笑了起来。他步态灵活，
身姿矫健。他感觉很好，但不像以前那样精力充沛。
这需要一些时间来调整。马蒂亚斯学着去分配自己
的力量，以及明确拒绝超过自己极限的事情。在瑜
伽治疗中，他与自己的身体和情绪建立了新的关系。
这对他来说是一次宝贵的新经历。

第五章将再次讨论身体和具象化的主题。届时你会
知道怎样用身体姿势让自己更有魅力。

明确地说"不"

"设置底线"是关于自尊的一个重要话题。除了身
体姿势外，交流过程中的明确信息也有助于自主。如今，
休闲与工作的界限越来越模糊，时间成了稀缺资源。这
种情况下，"不"是用来划定界限和摆脱依赖的有力而必
要的表述。把手放在胸前：有人请求你做某事时，你会经
常随口说"好"但事后对此追悔莫及吗？回忆一些这样的
情况。在面对上司、同事、伴侣、父母、朋友、孩子或者
你的狗的时候，你在想说"不"的时候却说"好"并事后

为此生气的频率有多高？从今天开始，请改变这个情况！

> **明确地说"不"是摆脱依赖的好方法。**

肯定的答复是沟通的润滑油，同时也是让自己免受拒绝的一个便捷方式。一时冲动的承诺很快就会收到周围的感谢，仔细一看，这竟是"是"的陷阱。过分乐于助人和不去划定界限很容易被利用，从长远来看，这不会让你变得受欢迎，这给你造成的压力正在耗尽你的能量。

练习

这是你人生的转折点！为了确保你说出的每个"不"都充满信心且不卑不亢，你还可以尝试以下练习：

1. 找出你过早说"是"的原因：怕被拒绝？因为你不想显得自私和无情？还是因为你有被需要的需求？

_____

_____

2. 总说"是"会伤害你的身心，请意识到这一点。在特定的情景里感受这一点。

3. 如果这对你有帮助，请在决定之前好好想想，想清楚你为"是"的回答付出了什么样的代价,并且允许自己明确地说"不"。当然,根据具体情况,你还可以加上一句"谢谢您的提议"以示尊重。

> **小贴士**
>
> 用温和的方式说"不":如果你想要明确拒绝,但又不想显得很粗暴,那么在开始时,一个理由充分的"不"或者一个部分否定就足够了。部分否定是指,你只会在满足一定条件的情况下完成承诺,或者在有限的范围内接受部分任务。也许你还可以"讨价还价",告诉对方怎样实现你的要求。这显示了一种主动权,同时也表现出对他人的兴趣。但是要坚定勇于说"不"的信心,通过走"亲切路线"来让自己不被轻易说服。为每一个大胆说出的"不"开心吧!

例子

西蒙娜在公司非常受欢迎,这主要是因为她经常承担其他人的任务。她明显不介意额外的工作和大量的加班。她享受别人对她的尊重,喜欢别人有时私下送给她的小礼物。当她结束单身生活,进入一段稳定的关系时,她的观点发生了改变。西蒙娜希望花更多的时间与伴侣在一起,而不是为她的同事完成不喜欢的任务。清楚明白地解释这一切需要勇气,但这对她来说是值得的。她决定在周例会后用温和的方式向团队说明一切。这样一来，一切问题都迎刃而解了。

实践练习

狮子｜为了有效地表达你的需求和愿望，放下紧张的情绪，练习说话的声音，可以试试瑜伽里这个简单但有效的练习。可以采取坐姿，或者站立，双腿分开，与臀部同宽。坐着时，将双手放在大腿上，双臂张开，与肩同高，肘部弯曲。张开手指，睁大眼睛，大声吼的同时，把舌头伸出来。重复练习几次，放松地深呼吸，如果有必要的话，深深地叹一口气。你很快就会发现，这能让你感到非常自由，同时受到鼓励。两个人一起做这个练习会更加有趣，因为狮子吼之后往往就是大笑。

欺凌

我想在这里谈谈欺凌的问题。对这个话题，你绝对应该说"不"，无论你是施暴者，还是受害者。欺凌的原因及形式多种多样，如今这不仅会发生在工作场所，而且会发生在学校、培训班甚至网络上（也就是网络暴力）。最常见的欺凌动机有反感、嫉妒、沮丧、日益增加的竞争压力、裁员。

"欺凌"的定义是：一种有针对性且持久的攻击、

刁难和排挤。欺凌常常发生在不重视软技能的公司中，良好的工作氛围对这样的公司来说并不重要。一旦你意识到，一些敌对行为已经不仅仅是普通的意见分歧或误解，你就应该保护自己，并在必要时寻求帮助。欺凌行为会以不同的形式出现，产生的影响也不尽相同。受害者通常会被排挤，最终几乎无法发展人际关系，失去处理事情的能力。事情本不该发展成这样的！

结 论

检查你的信念和心灵契约，重新开启你的精神世界。运用积极的画面，发挥想象力。竞技运动员做到的也不过如此。在参加比赛之前，你已经在精神上胜利或失败了。胜利也是由头脑决定的。你的自我价值感是头等大事。了解自己的优势和劣势，这将有助于消除因自卑感而产生的误解，把你刚刚获得的积极态度注入你自信的姿态。头脑清醒是事业和个人生活成功的最重要的前提条件之一。创建一个成功日记，用它来记录大大小小的成功和进步，并从中获得成长。通过练习说"不"来明确区分自己的需求与他人的要求。将要求转向相反的方向：如果其他人期待你低头妥协，你要扬起头，摆出自信的姿态。

你现在还要做的是：驯服内心的批评家，当然如果你喜欢他，就与他交朋友。

3
学会驯服内心的批评家

人是复杂的，一眼望去无法看透。我们的性格不仅会随着经历不断变化，而且有很多面，也有很多种。有时你会听到心中有一个声音在说："别理它。这不是一个好主意。"有时你做了一件事，事后会问自己，当时难道是鬼上身吗？因为你本来不是这样的。我们内心不同的声音和冲动是由我们性格中的某些方面触发的。性格的某些方面只在特定的情况下才会显示出来，而其他方面则始终控制我们的行为。不同的情况给我们带来不同的挑战。所以，处于压力之下时，你内心的冲动可能会把你逼得太紧，让你在同事面前显得暴躁易怒。但在家时你可以释放自我，让每个人都开心。

_{性格的复杂性}

性格中的一个部分会让我们的生活变得特别困难。

这就是内心的批评家,他经常阻挡我们走上自主的道路。他更喜欢瞄准我们的错误和弱点。他经常与完美主义者和我们内心的冲动合作,形成一个三重奏,我们与之进行斗争会耗费大量精力,并且毫无意义。试着与这3个破坏者和解并结盟吧!

悲观主义者

这3种声音都未曾与你交流过吗?那么我只能祝贺你,因为你属于非常少见的类型。尽管如此,还是用下面的问题检验一下自己吧。

检查清单 ✓

和之前一样,这里只能回答"是"或"否":

	是	否
1. 你会试图超越设定的期望吗?	☐	☐
2. 你是否总觉得自己错过了什么?	☐	☐
3. 你经常将自己与别人做比较吗?	☐	☐
4. 你认为错误可以暴露隐藏的性格缺陷吗?	☐	☐
5. 你经常思索自己的失败吗?	☐	☐
6. 你会在事后因为没有好好利用机会		

而伤感吗？ ☐ ☐

7. 你会觉得向其他人提出请求是一件困难的事吗？ ☐ ☐

8. 你认为同时处理几项任务是理所当然的吗？ ☐ ☐

9. 比起可能说错什么，你宁愿什么都不说吗？ ☐ ☐

10. 你觉得自己无法或很少获得认同吗？ ☐ ☐

"是"_____ "否"_____

为了进行评估，依然请你统计"是"和"否"的个数。如果你有 5 个以上的问题都选了"是"，那么你具有悲观主义的倾向。回答的"是"越多，倾向则越大。

想一些关于你自己的事情，同时明确立场。列出你内心的批评者特别清醒和活跃的情况。

练习

_____

_____

_____

写下你最容易低估自己的价值的情况：

_____

_____

批评家的工作场所

如果你想要了解你内心的批评家，你应该更仔细地分析和研究他。如果他对你有帮助，那就赋予他一个形象，例如，从某部电影、某个童话或者某部漫画里选择一个角色。不要选择现实世界中某个真实的人，因为那样你会把一切都同这个人联系起来，然后混淆很多事情，而不是把事情想得更清楚。思考一下，内心的批评家在什么时候会积极活跃地插手你的事务，他带着什么样的意图，想达到什么样的目的。不要想当然地认为你的批评家只会带来一些麻烦事。因为我们在走上对抗之路之前，应当首先查明情况。为此，请仔细看看他的工作场所。他什么时候会开始工作？他什么时候会出来干涉你？他有什么偏好？他偶尔也会打盹吗？有没有什么情况会让他偶尔也使用友好的语气？他通常什么时候睡觉？请进行如下练习：

写一个"通缉令"。相关模板可以在附录中找到。你对他的描述越准确,你就越有可能发现他。因为你尚不清楚他的任务,你应当找到他,和他言归于好。画一幅他的肖像。想象一下他的某些习惯,例如竖起食指或者挑起眉毛。结尾要提到奖励机制。因为你内心的批评家与我们的自我价值感和自主性息息相关,而这正是你期待的回报。

练习

通缉令

通缉!我在寻找内心的批评家。他年纪尚小且调皮。他总能找到一个合适的说法,还会以专横独断的口吻将它说出来。他喜欢交叉双臂、舒展双腿,坐在旁边看着我。事情搞砸了的时候,他总是认为他早就猜到了:"我就知道这行不通。一直是这样,你不够努力而且完全……事情本该怎么办?"他就这样陪伴着我,总是带着高傲的表情。他很少休息,即使休息也通常是在我放松的时候。这时他会突然沉默,在他的吊床上愉快地小憩。我非常享受这样的时光。如果您找到了他,请直接把他送到我这里。我会驯服他,或者把他关在屋子里。未来我一定不会经常听他的话,除非我跟他成为朋友。

建设性地处理自我怀疑

内心的批评家从不赞扬我们,而且总是戳我们的痛处。但我们与他的接触越多,就越会意识到,他也有一定的作用,就像我们个性中的每个方面一样。不管是保护者、挑衅者还是胆小鬼,他们都有自己的使命,并且随着时间的流逝,他们都变成了潜伏在我们体内的一小部分人格,当我们有特定的需求时,他们就会出来支持我们。他们是什么时候形成的?他们是在什么情况下出现的?偶尔思考一下这些问题,这会很有趣。我们内心的批评家具有以下积极作用:

◇ 他关心我们的事情,并且通过批评的方式参与其中。
◇ 他提示潜在的错误和疏忽。
◇ 他激发新的行动力。
◇ 他激励我们进行思考。

朋友和敌人　　内心的批评家也与我们内心的小孩有很大关系。有些情况让我们想起了小时候被过度要求的经历,这些情景极容易调动起我们内心的批评家。他积极主动地介入行动,争取得到赞赏和认可。但不幸的是,他使用了错误的孩子气的手段。他试图通过压力、批评和控制来拯救我们,让我们免受痛苦和耻辱。他的策略是:让你做个完美的、适应力强的人，这样每个人都会爱上你。我们内心的批评家想通过保护我们内心深处受伤的小孩来实现他的好意。但他不知道的是：这个小孩已经长大了，不再觉得自己需要成为"每个人的亲爱的"。因为这个和谐陷阱永远会导致不满，并且会夺走你独立自主的能力。

为了忠于自己、培养真诚的人际关系并且被尊重，你需要以一种建设性的方式来对待你内心的批评家：和你内心的批评家成为朋友，并且在他的提示下重新思考棘手的事情，探索不同的可能性。就像你看到的那样，你们之间还需要沟通。与往常一样，看问题的方式决定了你对一件事的评价。

实践练习

对话 | 把两把椅子挪到合适的距离，这样你和你内心的批评家就可以面对面坐下来。想象内心的批评家的样子，让他再次以具体的形象出现。

开始对话，在这个过程中展现你的善意，但是注意保持距离。

搞清楚所有尚待解决的问题。

尊重内心的批评家的好意，感谢他迄今为止的合作。

重新规划你们未来的合作模式，尽可能详细。

用适合你们的方式告别。可以是微笑、握手、拍拍肩膀，也可以是一个发自内心的拥抱。

练习

除了自我批评，当然还有来自他人的批评。请进行以下练习：

你有没有思考过，自己通常如何处理其他人的批评？回忆某件最近发生的事，总结一下。

你是如何回应批评的？什么事特别打击你？

_____

_____

你内心的批评家怎么看待这件事？你同意他的想法吗？

_____

_____

你愿意分享自己的经历吗？

_____

_____

你准备好冒着引起争议的风险来清楚地表明立场了吗？你内心的批评家站在你的这一边吗？

_____

例子　索伦是一家中型公司的部门经理。他的同事非常尊敬他,因为他处理其他人的利益和想法时采取公平公开的态度。别人不知道的是,索伦高度敏感,非常重视外界的批评,因此常常会怀疑自己。在下决心过自主生活之后,索伦意识到了自己的问题,并决定努力调整自己的态度,而不是立即将异议和分歧视为对自己的冒犯。他有意识地接受以前没有注意到的积极反馈,好让自己多注意来自别人的赞美。他惊讶地发现,赞美显然多过所谓的批评。

悲伤或傲慢地回应外界的批评是自我怀疑的表现。相反,如果你坚定地表达自己的意见,并且坚持走自己想走的路,只要这是一条深思熟虑过的、有意义的路,那么这也会给你内心的批评家留下深刻的印象。相信自己,相信自己的技术与能力!但是在某些情况下,也可以把批评当作改变的杠杆。权衡利弊,然后自己决定。

> 对自己的信任可以约束内心的批评家。

设立目标、提出愿望

你和内心的批评家正在逐渐互相了解，是时候增加彼此的信任并规划共同的目标了：你们要成为一个团队。

练习 为了让自己进入状态，先列一个清单，写上过去5年里你的成功经历。你取得了哪些成就？

_____

_____

我们每个人都付出过努力。唯一的问题是你的关注点：你是关注成果，还是关注失败？当你把注意力集中在那些不太顺利的事情上时，它们看起来就很严重。这时许多积极的事情就没有被注意到。经常关注让你感到自豪的成就，并把不太好的事情记录在"没必要"一栏。这样你会好受许多。

自立 检查一下你心中的价值观。它是否符合你的生活目标？也许你内心的批评家被激发出来，正是因为你过着不自主的生活，并且忘记了自立这件事。

不要把内心的批评家看作自我不足的表现，而应该看作让自己变得更好的可能性，你应该想办法改进自己，让自己更接近目标。通过这种方式，你可以很快和自己内心的批评家成为朋友。

为了踏上新的道路，你应该好好理解自己。新的行为模式和思维方式如何产生？这里我想引用英格伯格和托马斯·狄茨在《自主》一书中提出的步骤模型，在此基础上我还做了一些扩展：

第一步：下意识的无能。"人们还没有意识到下意识的行为的局限性，并把困难投射到了外部环境中。"相应的模式在生活中形成，并且已经被存储在大脑中。

第二步：有意识的无能。意识到自己对行为模式和思维方式的误判。知道实际状态与目标状态之间的冲突。开始寻找解决办法。

第三步：有意识的能力。看待问题的新观点和新方法是有意识地被训练出来的，因为这是有意义和有价值的。大脑在学习过程中会产生新的神经元连接。

第四步：无意识的能力。渐渐习惯新的行事方式和思考方式，旧的模式被新的模式覆盖。

看一下这些步骤的顺序，你就会明白，沿着这条路走到底是值得的。也就是说，不要因为某个练习一开始让你不舒服，你就把书扔在一边。坚持行动起来！

自由还是完美

就像已经提到的那样，我们内心的批评家喜欢与完美主义者成为朋友，因为他们一起制定了新的标准。对自己要求极高并且极力追求完美的人会让其他人和自己都感觉很累。你的精神和身体常常处在紧张状态，因为人们总是能做得更好：把衣服熨得平平整整，更新和充实演讲内容，不断完善和修改项目，尽可能妥当地安排即将到来的周末。

例子　　尼娜年轻又充满活力，并且非常勤奋。由于能力强，她很快晋升为组长。她很珍惜这个机会，竭尽全力想要做到最好。不知不觉中，她也用高标准要求她的团队。一段时间后，这导致了组员的不满和极大的反对。尼娜没有意识到她对团队的要求太高。一次争论后，组员的工作积极性骤然下降。在上司的推荐下，尼娜去进行了相关训练。随着时间的推移，她学会了降低对自己和他人的要求。在接下来的项目中，她表现得很好，同时没让自己陷入完美主义。

完美主义者的好胜心占据了自主的空间。因为人们被困在自己的角色中。限制选择自由的、夺走发展空间的，并不是总是外部的力量。我们自己的性格也经常会阻碍我们，但这是可以改善的。当然，在某些情况下，完美是合理的，也是有效的，例如在涉及安全的问题上。但是，如果你在日常生活中已经失去了正确的衡量标准，并且有过分认真的倾向，那么你应当认真思考一下自己过高的期望值。

完美主义者或多或少都有一个明显的性格特征，这个特征由对自己的高要求和得到认可的需求构成，而后者的成因往往是自我价值感较低。"好表现"在工作中和个人生活中都具有一定的强迫性。父母面对成功和失败的态度在这里起到了至关重要的作用。如果做到最好对父母来说还不够，孩子就会想尽办法让父母满意，以此博得父母的喜爱。这样，孩子在成年以后，在生活中也会采取类似的方式，好让自己被倾听、被尊重。

逼迫自己
超常表现

> 你自己的性格特征削减了你的自由度，剥夺了你选择的自由。

练习 你认清这种倾向了吗？你的原生家庭是怎么处理成功和失败的呢？

_____
_____
_____

你觉得你符合这个描述吗？对错误的敏感度以及由此产生的自我怀疑会经常阻碍你前进吗？最近一次是什么时候？

_____
_____
_____

你因为对自己过于严苛而痛苦吗？怎样才能摆脱这个状况呢？

_____
_____

没有人是完美的。完美也不应该成为一个人的目标。这本书帮助你通过自己的力量来发展自己并且做出一些改变，从而获得更多的自由和自主权。如果目前的生活无法让你做到这一点，而且你感到痛苦，那么你或许需要咨询治疗。在这种情况下，鼓起勇气向医生求助吧！因为完美主义也可能产生破坏性，尤其是在你内心的批评家插手的时候。

看看什么时候完美主义是有益的，什么时候它会成为绊脚石。有时候，不完美有一种非常特殊的魅力：花园里疯长的草木、油漆脱落的老木凳、素面朝天的脸……

在清单里写下一下子想到的不完美的画面，至少写3个。　　　　　　　　　　　　　　　　　　　　练习

1. _____
2. _____
3. _____

尽你所能，但不要用不切实际的要求苛求自己或他人。在任何情况下，你都应该清楚自己想付出多少努力，以及什么时候努力不会和回报成正比。确保你所追求的最佳表现不会以牺牲健康与自主性为代价！让你内心的完美主义者放下武装。平静地放手锻炼自己，否则你会不断挑战你内心的批评家。幽默是一种能帮上忙的策略。

幽默策略

幽默可以让你更加从容地与自己和他人相处。你可以学会更加冷静地看待日常生活中的困难。用另一种方式面对问题,你内心的批评家就没有机会自我膨胀。

> 幽默能让人生更轻松。

什么方法可以帮你培养平静的心态?你可以锻炼快速反应能力,以此化解外界的言语伤害和内心的冲动。这样一来,你以后就不容易成为攻击对象。

快速反应能力

你熟悉这样的情景吗?你突然受到言语攻击,感觉自己受到了伤害,想要还击。但你想不出合适的话来进行适当的回应。你的对手就这样赢了,而你却为此恼火,并且很有挫败感。你内心的批评家在反抗。

练习

你的生活中有没有发生类似的事情?你对此感觉如何?

_____

_____

_____

你从中学到了什么？如何对类似的情况提前做好准备？

假设一个具体的情况，想出一个合适的答案来让你的对手大吃一惊。

_____

_____

....

为了让你以后不会再把言语攻击视作对个人的攻击，而是让它自己反弹回去，我把自己最喜欢的3个实用技巧分享给你：

1. 用3个字回答：
在，怎么？
好，然后？
哦，天哪！

2. 引用
利用现成的知识进行反击，使用谚语和众所周知的短语，如"谁笑到最后，谁笑得最美"。买一本成语俗语集锦，时不时翻一翻。

3. 以其人之道还治其人之身

你只需要接住对方抛出的话,然后巧妙地把球踢回去,最好还带着一点智慧和幽默。比如:

"如果你是我的丈夫,我一定会给你一瓶毒药。"

"如果我是你的丈夫,那我一定要喝下它。"

不要忘记保持自信的眼神、挺拔的姿态,同时要语调果断。否则当你被质疑时,你看起来就不太可信。用幽默为你的话增添趣味,适当的时候不吝自嘲,这会让你显得更加有共情能力。也许你能以此化解所谓的攻击,或者和其他人一起大笑。

> **小贴士**
>
> 通过假想自己是电视节目中的访谈嘉宾来锻炼自己的反应能力。积极动脑参与讨论。这不仅仅会带来乐趣,还会驱散无聊。这样一来,每个看电视的夜晚都成了你与自己的交锋。

给争论降温并取胜的另一种方法是,用幽默的方式曲解目前的情势。这项技术源于心理疗法。把镜子放在客户眼前,夸大他的担忧和恐惧。直接探讨客户最想掩饰的问题时,客户会有各种反应,最好的情况是,客户会将自己抽离出这个问题,或者开始重新审视这个问题,从而产生治愈情绪。如果客户被夸张的表述逗笑,伤害通常就会自行消解,客户此时便有机会形成新的思维方式和行为方式。他不再感觉自己是受害者，而是成了生活的掌舵人。

> 周五晚上，理查德关掉电脑，想着辛勤工作一周后终于可以下班休息。这时他的同事匆忙跑来，担心地问道："那个建筑项目进行得怎样？如果我们下周没有提交规划申请，没有完成施工平面图，或者没能完成静态受力分析和招标，客户一定会另寻一位负责人。"理查德边走边说："哦，好吧，如果两个月后房子还没有建好，那我们就可以关门了。"同事一下子意识到自己的要求太高了。短暂的安静后，他惊讶地笑着说："好吧，周末愉快！"

例子

讽刺和揶揄适用于那些喜欢开玩笑但在交流时尊重对方的人。因为这不是让其他人出丑或者开荒谬的玩笑，而是转换视角，让大家不会失去全局观。如果有人急于往你的脑袋里灌输这个想法："你想的东西根本没有可能实现！"你大可冷静客观地回应："当然没法实现。它太复杂了，难以理解！"用一个可以感染对方的微笑结束对话。如果他们和你一起笑了，情况可能会变得完全不一样。

> 你还可以顺便用这个神奇的方法来驳斥你内心的批评家的要求。就这个问题和他谈谈吧。

小贴士

| 用诙谐和魅力沟通 | 一旦你在充满调侃和魅力的坦率交流中找到了乐趣，你的生活就会更丰富。你在谈话中不会再攥紧拳头、紧张地沉默。这种风格会赋予你一种幽默的权威，而且一定会让你更有魅力。|

正确使用权力

不管在工作中、在家里，还是在政治上——我们到处都能感受到权力和它的作用。小孩子会在地上打闹，少年们互相挑衅，同事之间会出现欺凌。这一切都是展现权力的策略。随着时间的推移，生命中与运用权力相关的经历会塑造我们的行为方式和信念。这些经历会留下深刻的印记，并且常常伴随着自卑的痛楚。这种感觉会影响我们对待权力的态度，也很受我们内心的批评家欢迎，因为批评家运用权力时也会让我们感到愤怒、羞愧和无助。

权力不是只有坏的一面：如果没有权力，任何人都不能抵抗其他人的反对、达成自己的目标。那些因为一些负面经历而断然拒绝权力的人，常常处在别人的权势的压迫之下，因为他们无法平等地与别人交流，无法成功地抵御侵犯，而交流与抵御侵犯正是走向自主的决定性步骤！

> 没有权力，任何人都不能抵抗其他人的反对、达成自己的目标。

练习

你会把"权力"这个词和什么联系在一起？你在日常生活中以哪种方式面对权力？

_____

_____

被攻击时你的防御策略是什么？是气势汹汹地参与谈判，还是默默后退以便日后能有退路？

_____

_____

你是那种在权力游戏中亲自参与每一句评论和每一个动作的人吗？还是你更倾向于保持低调和放松？

_____

_____

拥有权力不一定代表滥用权力。每个人都有潜在的权力，但是很多人不会好好使用，甚至不去使用。利用你的权力来达成你的重要目标，而不是去压迫他人。想

没有权力
=
软弱无能

脱离权力游戏的人一定总是被分配到令人不愉快的任务，或者自己的立场总是引起争议——长此以往，他将软弱无能。虽然这证明了你内心的批评家的存在，但同时也会妨碍你独立自主。

练习

从今天开始，你将怎样更好地处理自己的权力？

_____

_____

权力也可以有不同的特征：知道自己的长处和短处不仅赋予了你翅膀，而且能让你在面对外界的要求时更加强大有力。你知道自己想走多远，知道自己对什么有信心。更好地了解你自己和内心的批评家，揭开你们的联系，并最终掌控自己的生活，而不是无能为力地任人摆布。

时间的动力

"快点！"监督者在怒吼。"你不能同时做这两件事吗？"批评家问道。本章开头已经提到，内心的监督者喜欢把球传给内心的批评家。如果这时你内在的完美主义者又掺了一脚："你不能就这么半途而废啊。"突然一切都乱了。

忙碌的人不活在当下。他们总是比别人快一点，因为他们害怕错过一些重要的东西。也许这是因为他们想证明自己的重要性，他们的行动基于同时做几件事情的能力。他们意识不到自己永远活在加速中。一直在左车道上行驶并不断超车的感觉让他们在短期内感到快乐。但是从长远来看，他们常常跟不上自己的脚步，感到筋疲力尽、心力交瘁。这些人从来没有真正活在当下。他们抱怨时间不足，所以他们不能享受当下。

科学家发现，当我们同时完成多项任务时，我们的工作速度不会更快，也不会更好。因为从一项任务转到另一项任务时需要重新思考，这也会浪费时间和精力。这样一来我们就更容易疲惫，并且会产生事情没做完的感觉，这往往让我们不开心。

多任务神话

> 时间是无法节省的。你必须好好利用它。

你自己符合上面的描述吗？如果符合，你可以用哪些信息来反抗你内心的监督者？

练习

以下是几个可用的示例：
◇ 我真的需要这段时间来完成一些事情。
◇ 我自己决定是否要赶时间以及何时赶时间。

当然，有些任务比较紧急，需要迅速采取行动。但是你不应该一整天都这样度过，否则你很可能会心脏病发作。为了重新获得平衡，在一个紧张的阶段后，你可以休息一下，可以集中精力高效地工作一会儿，不要不停地看时间。

只有当我们用心对待时间，并且让平凡的生活变得有意义时，我们才会体验到慢一些的生活节奏。这显然意味着减速。走出仓鼠轮和时间压力，更从容自主地与时间相处。

虽然监督者要求你向着未来的方向加速，但目前的经历必然受制于主观上放缓进程的影响。在过去的3个月里，你曾经多次听自己说："不知道为什么，时间过得越来越快。"又一次年关将近，时间都到哪儿去了呢？不要让自己受内心的监督者控制！你是自己的主人，不是自己的奴隶。因此，自信地对待自己的生活吧！

在日常生活中，冥想是个好办法，它能让生活节奏慢下来，也能帮你建立平静和自我意识的小绿洲。如今，冥想已经不再那么神秘，科学家们正在用不同的方法进行研究。不知不觉中，冥想已成为应对日常压力的有效方式，也是接近自我的最佳途径。这里介绍一个3分钟冥想法，它既适合初学者，也适合已经熟悉冥想的人，尤其适合那些处在短期压力或长期压力中的人。你可以利用零碎时间做这个练习，这不会打乱你的时间安排，不会让你产生更多压力。如果你愿意，可以在智能手机上装一个冥想计时器应用程序。它通过锣响或颂钵声来告知你时间。你什么都不用担心。

冥想

3分钟冥想 | 挺直腰杆，以舒适的姿势坐在椅子、地上或者外面的长凳上。或者抬头挺胸地站着。只要时机合适，时间和地点都不重要。

实践练习

平稳而均匀地呼吸，将注意力集中到呼吸上。可以的话，闭上眼睛。感受一下你对周围环境的印象是如何渐渐消退直至消失的。

关注自己和呼吸，注意观察自己的感觉和此时此刻的感受。你现在的情绪主要是什么样的？

练习3分钟后停止，深呼吸，直到准备好再次睁开眼睛。带着与自己交流的感受，看看眼前的世界。

....

尽可能从多任务切换到单一任务。有意将空闲时间纳入每天的日常——不是为了解决剩余的任务，而是为了利用这些时间随心所欲地休息。按自己的喜好自主地划分手中的时间。

> **小贴士**
>
> 从研究中得来的另一个建议是：拥抱新的体验是在感觉上让时间变慢的绝佳方式。我们将经历存储在记忆中，并把它们当成宝贵的体验。

适度原则

每个人的压力的来源都不相同。在压力之下，我们不再是自己，因为压力在挑战我们。短期来看，我们能够实现最佳表现。目光放远一些，压力会损害我们的健康。长远来看，我们不仅失去了全局观，而且失去了自主性。不幸的是，坏事有时会在我们毫无准备的情况下发生。

我们疲惫地挣扎着，却发现事情毫无进展，或者发现自己越来越喘不过气来。慢性压力会对身体的自我调节产生负面影响，带来身体疾病和精神疾病。我们已经在"战胜例行事务"一章中了解过，对自己要求过低也会带来压力。因此适度是健康、自主的生活方式的一个前提。

为了释放压力，你应该注意以下 3 点：　　　　练习

1. 认识自己的压力模式！

什么人和什么事会让你有这种感觉？你对此做何反应？——你是否生气，你是否感到受到攻击，你是否陷入自怜或不自觉的自责情绪中？

_____

_____

_____

2. 了解原因！

当你明白压力对你有什么影响后，请考虑一下原因。为什么你面对某些人或某些特定情况时特别敏感并且可能会思路混乱？

_____

_____

3. 用有意义的对策来产生积极影响！

现在握住方向盘，确定方向。究竟应该去哪里？怎样才能轻松地到达目的地？从长远来看，你应该注意什么？

_____

_____

个人策略　　自己做笔记，而不是去找一个通用的口号。制定自己的策略。使用放松技巧来为快节奏的生活带来更多的平静，用心练习，最重要的是不要让其他人觉得你一直在线，随时都可以找到你。短暂的休息可以让你保持平衡，充分的运动可以让你的身体和心灵和谐一致，必要的自主性可以帮助你逃离最大的动荡。不要让压力毁了你的生活！

实践练习　　**抖动冥想** | 站立，双脚分开至与髋同宽，挺直上身，轻轻地弯曲膝盖。之后，让身体慢慢抖动，直到全身都动起来。如果你愿意，可以闭上眼睛，在不会令身体紧张的情况下放松地抖动。想象自己抖落了一天、几天或几周的紧张和压力。享受头脑不受任何东西束缚的状态。将身体的重心从一条腿转移到另一条腿，前后或左右移动几步。轻轻地或大力地摆脱压着你的东西，因为你应

该这么做。把不愉快从手臂和双腿上甩开。放下你想放下的东西。然后坐直，享受解脱和放松的感觉。给自己片刻的平静和安宁。通过深呼吸来吸收新的能量。把剩下的紧张扔到地上或椅子上。

> 冥想的姿势有很多种：坐、站，以及运动。

结 论

仔细审视你内心的批评家的工作场所，建设性地处理自我怀疑。与你内心所谓的失败主义者一起为双方制定有约束力的目标。摆脱完美主义者的观点和主张。一点幽默和自嘲会对你有帮助。

不要忘记，权力本身并不是一件坏事。在不滥用权力的情况下，你可以有效地利用自己的权力，为你的生活带来更多自主性。不要害怕权力！

自信地处理你的生活。不要去节省时间，用意义和新的经历去充实生活吧。定期摆脱压力，这不仅能放松身体，而且可以让头脑和灵魂都更加舒适。这样你就可以把自己从不必要的负担中解放出来,并为新想法和动力腾出空间。

4
学会运用直觉

> 不加思索还是三思后行

你认为真正重要的决定是头脑做出的吗？你坚信是意识让我们成了有智慧和理性的人吗？如果你真这么想，那么你只知道一半的真相。因为我们的潜意识对日常决定的影响远比你以为的大。理智往往与"理性""智慧"之类的概念联系在一起，而直觉通常与"直观感受""自发性"联系在一起。

如果你面临"二选一"的情况，你会怎么做？你会谨慎地思考很长时间，甚至在做决定前分别列出每个选项的好处和坏处吗？还是说你会因为觉得某个选项不错而冲动行事？不论你属于哪一类人，在以后的日子里你都要注意不要放弃另一种行事方式！因为，严格说来，我们要用这两种方式才能做出真正协调的决定。

我们受什么支配？凭直觉做决定的前提条件是什么？这就是我们接下来要探讨的内容。

正念

正念是一个被过度使用的术语。这起初是一个带有异国情调的概念，现在也进入了生活中的许多领域，顺便说一句，它也进入了管理层。然而，许多人无法一下子理解这个词的内涵。如果我们做得对，正念会极大地丰富我们的日常生活。正念是觉知的基础，也是与自己和他人建立联系的基础。你可能会感到惊讶，之前提到的 3 分钟冥想正是以正念为基础的。

正念是对当下的专注和觉察。它包含一种尽可能客观的态度，带着这样的态度，我们去观察事物，而不进行评判。由于外界频繁的刺激以及人们不断带着刻板印象去思考的倾向，在日常生活中这种客观态度比较罕见。正念是一种技能，也是一个过程。人们可以学习、练习和有目的地使用它。没有正念，我们无法探索自己的需求和局限，甚至不能感知自己的呼吸。

你如何实施正念？有意进行一项活动，并注意细节。享受一顿美食，仔细咀嚼、品尝，并从身体获得反馈。

或者去散步，用各种感官体验周围的环境：颜色、形状、声音和气味。有很多东西值得探索。正念一闪而过。但它也可以是改变观点的引擎，能让我们把注意力集中在进展顺利的事情上。消极的事情就不再重要。

做一个简单的正念测验。老规矩，依然是回答"是"或者"否"。

检查清单 ✓

	是	否
1. 活在当下是一种宝贵的经历，这让我们每天都能感到踏实。在纷繁的日常事务中，你是否能一次次做到活在当下？	☐	☐
2. 你能感知到身体发出的饥饿、口渴或者疼痛等信号并做出相应的行动来改变境况吗？	☐	☐
3. 你能很好地照顾自己吗？	☐	☐
4. 顺应内心的决定可以让你感到满足吗？	☐	☐
5. 你通常能够敏锐地感觉到对方内心态度和外在表现的矛盾吗？	☐	☐
6. 你清楚自己的压力源吗？	☐	☐

7. 你对自己的身体状况有清晰的了解

吗？比如你可以预感到自己可能要感冒吗？ □ □
8. 你觉得自己幸福吗？ □ □
9. 感恩是你重视的议题吗？ □ □
10. 你认为正念与直觉有直接联系吗？ □ □

"是"：_____ "否"：_____

如果你对大部分问题都回答了"是"，那么祝贺你，你已经明白了正念原则。如果你有5个以上的问题回答了"否"，那么你就应该更加留心正念这个议题。

正念使我们能够听到身体的信息。我们是否处理这些信息以及如何处理这些信息则是另一回事。正念将我们与自己的直觉相连。因为它一方面与我们的理性有关，另一方面与我们必须仔细观察的第六感有关。但在深入研究正念之前，这里有一个简短的练习，它能让你做好准备。

练习

回忆一个你完全在用理性处理事情的情景。假想一下，如果回到那时，你的感觉怎样？反思一下这段经历。

请再回忆另一个情景，在这个情景里，你没有动脑思考，而是完全依靠自己的直觉。一次让你一时兴起坐到咖啡馆的意外邂逅、当场买下的一件衣服，或者一次说休就休的休假。事后你有什么想法？你是否后悔你的决定？

这种反思练习能使我们与自己的智慧取得联系。我们都有一种内在的智慧，它就藏在我们的身体中。对于那些特别聪慧的读者，这种智慧被我称为"内心的工程师"。在它的帮助下，你也许可以结交更多的朋友。这位工程师现在可以确保我们的自愈能力被激活，用开明、专注的头脑来发现自己的内在潜力，用一点技巧来发挥潜力。

内心的
工程师

然而，如果我们让内心的工程师的神经过于紧张，以至于他们不想听从身体的冲动，而是通过拧螺丝、关闭错误的门、打开其他的门来扰乱我们的内心，我们就会生病。

如果你定期关注他，那么你一定能想出更好的解决办法。你要学会倾听自己，保持健康，与你内心的工程师一直保持沟通。要知道，他是为你好，但他有时会将你逼到极限。合作很重要！

身体的智慧是如何表达自己的呢？它通过身体向我们提供对当前情况的反馈。我们会发现这个决定是让人感觉良好还是不那么好，我们会产生相应的冲动，从而朝着某个方向采取行动。

可以帮到我们的是躯体标记，也就是所谓的身体信号。这个术语源于神经科学家安东尼奥·达马西奥，他以在意识领域的研究而闻名。他认为，一个人在成长过程中所经历的一切都存储在对经历的情感记忆中。它们与身体的信号系统相连，使我们能通过对心理状态的感知来判断一件事是否可行。

！ 身体的智慧是行动的指明灯。

例子　　海因茨·彼得在一家销售公司做外勤工作。他总能称职可靠地照顾客户。西蒙斯先生就是客户之一，但他是一个极其难缠的客户。他不友好且暴躁，与他进行价格谈判是一件痛苦的事情，因为他让每个人的生活都变得困难，甚至包括他自己的。每次西蒙斯先生打来电话,海因茨·彼得的心脏就开始因为紧张而狂跳。在去西蒙斯先生公司的路上,他总是满手是汗、内心不安。为了打破这个局面,海因茨·彼得决定马上与西蒙斯先生探讨一下这件事情:"西蒙斯先生,您是一位优秀的客户,我非常渴望能让您满意,但这只有在我们彼此平等且互相尊重的情况下才可能实现。"

这对你的个人决策来说意味着什么?感受身体发出的信号。对摆在面前的人或事做出回应。在感到快乐的时刻,观察自己对快乐的感知以及它在身体上的表现。是胃部的愉悦感,是手的刺痛感,还是让你兴奋不已的膝盖的弹跳?每个人的表现不一样。愤怒、恐惧、悲伤、快乐等情绪产生时,有人在脑海中感知到这些情绪,不能再清楚地思考,也有人会腹痛、恶心。情绪并不总是发生在腹部,但腹部通常就是信息汇聚的地方。观察一会儿你的感受和它们出现的位置与形式。

> 这里有一个令人印象深刻的练习——把身体当作共振仪器。它会告诉你,你可以控制自己的感受:
>
> 去一个你至少可以安静地待上 20 分钟的地方。放松

练习

心情，让思维沉浸在让你感觉良好的情境中。在脑中想象一幅可以给你带来好心情的图像，并尽可能用心感受它，可以是与另一个人相遇的情景，可以是度假的情景，也可以是你在期待的东西。观察身体的反应。感觉是如何产生的？它是在哪里产生的？弄清这些细节。

几分钟后结束这个试验。记下几个关键词。

愉悦：

_____

_____

第二步，你会深入感受愤怒。你的脸色变得阴沉，仔细回忆一种让你非常生气的遭遇或情况。花点时间让这种感觉出现。然后记下反思时想到的几个关键词！

愤怒：

_____

_____

用同样的方法来感受悲伤和恐惧，最后感受爱和同情。

悲伤：
_____
_____

恐惧：
_____
_____

爱：
_____
_____

同情：
_____
_____

....

你也可以一点一点地做实验。重要的是，不要违背自己的意愿，也不要让自己陷在不好的感觉中。结束练习时一定要带着积极的心态，加上一个大大的笑容，伸伸懒腰，舒展身体，深呼吸几次，当情绪的冲动出现时，愉快地叹一口气或打个哈欠。

你将在下一章学习如何通过放松来进入直觉模式。

腹部碰到大脑

大脑主要负责理性思考和分析。信息被有意识地过滤、结合和处理。另一方面,腹部代表潜意识,负责存储感受和保存与某些情绪相关的记忆。原则如下:积极的经历与令人愉快的身体感觉相关,不太好的经历和身体不适相连。神经学家现在提出了一个腹部大脑的概念,以强调这种机制的重要性。事实上,头部和腹部之间有神经连接。而且令人惊讶的是,大部分信息是从下往上传递的。我们的消化系统中有不止一亿个神经细胞,这构成了直觉的基础。大脑可以探测到一小部分复杂问题,腹部则因为有处理潜意识问题的丰富经验,所以变得更加灵活,即使面对复杂的问题,它也能够找到一个合适的解决方案。

> 美好的经历与令人愉快的身体感觉相关;不太好的经历和身体不适相连。

直觉与理性的碰撞　如果我们纯粹依靠理性做决定,完全不根据直觉做相应的调整,那么这两个机制之间可能会产生矛盾,随之而来的是违背了某些规则的不安情绪。我们常常无法准确地把遇到的问题进行分类,因为它与胃的联系和与情感的联系并不明确。如果我们只依靠直觉做决定,不问理智喜欢做什么,这也可能把我们带入地狱。那该怎么办？最好兼顾两者的意见：自己考虑解决方案，并用直觉来进行调整。如果两个机制并驾齐驱，那么你会做出一个与直觉一致的决定，这通常让你感觉很好，至少在决策时感到合理。更偏向直觉还是更偏向理性要视具体情况而定，有时要过一阵子才能做出决定。

顺便说一句，直觉不是什么不寻常的事情。所有人都有直觉，但它需要一定的空间才会发挥作用。封锁直觉的入口的是压力和恐惧。在压力下，我们很容易忽略腹部大脑的轻微冲动。我们已经忘记了如何倾听这种微妙的感觉。大多数人在童年时期更加好奇和专注，并且更倾向于相信直觉。孩子不会去想是不是到了该吃午饭的时间。孩子想玩耍，并且做事只图开心。只有等他饿了，他才会想吃饭。

年龄越大，生活就越程式化。生活被约定和责任主宰。人们甚至有时会完全忘记饥饿感，因为有更重要的事情要做。我们慢慢忘记倾听自己的情绪，慢慢转向理性。随着时间的推移，好朋友会变得陌生，我们不再信任他，担心他会欺骗自己，宁愿相信有据可循的东西。这导致我们的直觉越来越叛逆。从长远来看，敏感的人会患上腹痛、消化不良或慢性疾病。所以，那些一直不好好与自己相处的人，不仅会伤害自己的健康，而且随着对自己的了解，会越来越频繁地走到极限。

解决办法很简单：练习积极地运用直觉。另外，我想介绍几个不同的练习。你最好全部尝试一下，凭直觉选择最喜欢的。首先，进入一个放松的状态。

实践练习

转换呼吸 | 舒适地坐直或站直。用惯用手的食指和拇指比一个"V"，深吸一口气，用拇指轻轻堵上一侧的鼻孔，用另一侧鼻孔平静地深深呼气，然后放松地吸气，再深深呼出一口气。然后放开拇指，同时用食指轻轻地堵上另一个鼻孔。再次以同样的方式呼吸。保持这种呼吸方式至少3分钟，这在瑜伽中被称为交替呼吸。不要去管在这个过程中冒出的想法，就让它们随性冒出。请感受自己在每次呼吸的过程中是如何变得更加放松的。这种呼吸形式会让你变得轻松而清醒。

肩膀和脖颈 | 舒适地坐直或站直。大声地呼几次气。吸气时抬起肩膀，呼气时放低肩膀。有意识地感觉肩颈部位，重复这个与呼吸同步的动作，直到肩颈部位变得柔软和灵活。然后慢慢将肩膀向后推。充分利用关节的灵活性，尽量大幅度地进行这个运动。闭上眼睛，用鼻子慢慢向一个方向画"8"字，然后换另一个方向。只要

觉得舒适，就一直做这个运动。做几个深呼吸，通过呼气让压力从身体中排出去，像从气阀放气一样。

深度腹式呼吸 | 舒适地坐直或站直。观察一会儿自己的呼吸，但不要去影响它或改变它。轻轻地将一只手放在肚子上，尝试腹式呼吸。感受你手下的气息。吸气时腹部膨胀，呼气时腹部收缩。让内心浮现的想法无拘无束地发散开来，就像天空中的云彩一样。只要你感觉良好，就让这个状态保持下去。然后慢慢回到现实，睁开眼睛，转而感受周围的环境。

有意识的休息有助于与潜意识的联系。

放松对许多方面都有好处。给自己时间来享受练习的作用。无论如何，这是一次令人兴奋的体验。在瑜伽中，呼吸被称为"普拉纳"，也被称为生命的能量。它不断在身体中流动，并为身体提供重要的能量。接受这个看法，用心观察当你有意识地感受你的呼吸时会发生什么。

积极运用直觉

下一步我们来看看怎样运用直觉才能对自己有好处。

在解决问题时用直觉来思考所有方面，这是有意义的。如果有我们没有考虑到的部分，腹部或头部会告诉我们。如果我们够仔细，就会发现必须立刻做出某些决定。你对这件事的第一反应是什么？如果理性点头了，再用直觉感受一下。如果两者之间没有矛盾，说明你已经达到了目标。

其他解决方案需要更多时间，那么最好是进行一项会让你放松的活动。可以是在自然中散步，也可以是某项有创造性的活动或上述练习中的一种。请不要认为直觉总是靠谱的。某些解决方案需要一定的发展时间。你必须成熟起来才能掌控情况。为自己设定一个截止时间。在放松的状态下，尽量想出几种解决方案。再感受一下身体的直觉。你的身体明确表示同意哪个建议？哪个建议会让你感到不适？哪个建议让你感觉糟透了？请对此进行观察和评估，最好记下来。

> 直觉可以起作用，但不是自发的。有些解决方案需要一定的发展时间。

以下是几个我最喜欢的相关练习：

实践练习

靠直觉来发现自己的需求 | 回到家后，陷在你最喜

欢的沙发椅里：这可是下班后的休息时间！给自己一些时间来深呼吸和放松。然后试着进入直觉模式，有意识地去感受当下对你特别有益的事情：放松地洗个澡、参加活动、喝你最喜欢的茶、和你喜欢的人共度时光。

作为信号的颜色 | 颜色象征着情绪，就像它们可以代表缺陷或问题一样。在接下来的一个星期内，花点时间揣摩自己的心情。如果可能的话，放松心态，也可以闭上眼睛，想想现在象征你的心情的是什么颜色。

进一步挑战自己，感受一下你目前缺少什么颜色，以及这可能与什么有关。将这种颜色添加到你的服装中或居住环境中。例如，如果你缺乏绿色，绿色代表（自）爱、同理心和同情心等特质，那么就在客厅里的桌子上放上一束鲜花。你会感到愉快。至少在短期内，你可以弥补这种缺失的颜色。密切关注接下来的情况，并考虑如何达成长期的平衡。

....

通常，我们下意识地处理这些事情——化妆、装饰、打扫、采购。但是如果你去感觉、注意和了解背后的动力如何发挥作用，这就可以给你力量。所以，你可以有目的地采取行动，实现你想做的事情。

鲜花能传递和唤起情绪。去逛逛花店，或者去自己的花园走走，环顾四周，凭直觉决定客厅桌子上的花束应该是什么样子。不同的花发出不同的信号。例如，一品红往往与冬季和圣诞节联系在一起，黄水仙与春季相关，向日葵不仅看起来像太阳，外表也能传递阳光的情绪，它让人感到快乐，象征生活的乐趣。如果你现在对这一点没有充分的感受，那就去试试吧！

小贴士

> 鲜花也可以用来当礼物。但不要犯错误，不要因为异性被人抛弃了而且看起来缺乏关注，就送红玫瑰给对方，除非你真的对这个人很感兴趣。

实践练习

依靠直觉解决问题 | 思考一个关于日常生活的具体问题，这个问题可以是关于你目前的个人生活或职业生涯。也许你想改变一些事情，或者你长期以来都在逃避某项任务或某个人，因为你不知道正确的解决方案。是时候让自己更熟悉直觉了，勇敢地尝试第一个依靠直觉想出来的解决方案吧。

因此，进入直觉模式，尽量放松，沉浸在感觉中。首先，带着好奇心观察心中出现的想法和念头，甚至是图像。你曾在痛苦、喜悦或快乐中感觉到阻力吗？仔细探测每一步，并努力寻找最适合你的、与你清晰的头脑一致的解决方案。

....

在做决定时依靠直觉可以增强你的信心。你的决策会有更大的余地，因为将直觉考虑在内时，你会突然发现之前没有意识到的机会。你会变得越来越自信，因为现在有两个可供依靠且彼此协调的机制。你对结果的满意度会增加。当你意识到什么适合你时，就不必经常向他人求助和寻求建议。如果你向不同的人询问同样的问题，你会得到很多不同的答案，因为每个人都有不同的行事方法和评价标准。这可能会让你更加不安。但是，如果你相信自己内心的声音，那么命中问题靶心的可能性是最大的。这也与自由和自主有很大关系。直觉告诉我们自我调整的方式和方法，并根据需要重新安排我们的优先事项。

两方面思考更保险

> 直觉会让决策的余地更大，也会让你变得独立。

> 理性地使用直觉，这样其他尚未开始使用直觉的人就不会觉得你不可理喻。事实上，有些人是如此理性，以至于无法想象依靠直觉办事。你要亲自体验一下，才能知道直觉的好处。

小贴士

与直觉的游戏

直觉也可以带来乐趣;它不一定只会在你需要帮助的时候出现。善于利用自己的直觉的人,通常会用另一种视角来看世界。他们知晓自己内心的财富,并稳步累积这种财富。正如大脑的能力比我们实际利用的能力更大,直觉也能让我们产生一种预感:我们觉得自己事先就知道会发生什么,而事实的确如此。所以如果你想挖掘直觉的潜能,试试这里介绍的练习。尽量不要勉强。随性地让自己遵循直觉的引导,花点时间让直觉运作起来。

实践练习

魔法眼镜 | 利用一切空闲时间观察别人,比如等咖啡、巴士或火车时。用好奇且公正的态度观察一个情境,观察两个及以上的人或动物之间的互动。不要让目光或想法四处徘徊,而是保持专注并沉浸在行动中。精神和情绪都要跟上这些被观察的人。参与者的身体、手势和面部表情显露出什么?情节连贯吗?是否有转机?提前想一想:接下来会发生什么?情况将如何发展?这种观察让人兴奋而且有趣。

等候者长队 | 又是这么长的队伍。你又站在了最慢的收银台队伍前。利用这段时间来观察(请参阅练习"魔

法眼镜")你身后的人。进入一个稳定的状态，有意识地感受一会儿。设想你的背部是一个扫描仪，它在扫描一个"物体"并向你提供信息。利用你的直觉，试着猜猜你身后的人是女性还是男性，她/他可能多大年纪，穿着什么衣服，以及你转身时是否立即会与对方进行眼神交流。让自己大吃一惊吧……

注意力之箭 | 下次外出时，无论你是在城里还是在某个活动上，都可以在安全距离内凭直觉与陌生人建立联系，并让他们也感受到这种联系。通过把注意力集中在一个特定的人身上，你的能量像一束激光那样集中在"目标人物"那里。请注意，这是一种可以媲美微笑的正能量。让激光工作吧。你会惊讶地发现，有那么多人抬起头来并转向你。微笑吧，享受它带来的效果！

唤醒你内心的孩子。如前所述，孩子比成人更加依靠直觉。他们像在做游戏一样，用直觉发现和理解这个世界，带着一种成年人已经失去的轻松。所以，通过不时地减少计划和质疑，让生活恢复这种孩童般的轻松吧。感受一下，发生了什么，感觉如何。艺术家们将直觉视为创造力的基础，他们喜欢从内心获得启发。你也可以！

存在的轻松

实践练习

依靠直觉的绘画 | 如果你喜欢画画或速写,请拿起一张纸、一支笔或一把刷子。如果不知道该创作什么,就依靠直觉去画。让自己大吃一惊吧,对来自内心的冲动敞开心扉。任何形状和颜色都可以。充分利用你的想象力和创造力。如果你在事先看不到明确好处的情况下习惯于什么都不做,那就把这个练习当作头脑风暴的一种变体,它能促使人们找到创造性的解决方案。

这些练习对你来说很陌生,而且需要时间和敞开自我的勇气,不要因此就认为这些练习毫无意义。如果我们肯放手尝试,而不是不断要求自己的权利或践行熟悉的模式,就会有新的东西出现。这些经历可以为我们的日常生活提供宝贵的动力。

直觉优先

研究表明,情感上有联系的人之间有强烈的直觉联系:母亲和孩子、伴侣、最好的朋友。即使相隔很远,你也会马上意识到有些事情不太对劲,或者意识到对方现在非常需要你或者非常想念你。有时对方发生了不好的事情,你会觉得痛苦就像发生在自己身上一样。对于有些人来说，这可能听起来不可思议，但我自己已经有过这样的体验。因此，依靠直觉来识别他人的想法和感受是可能的。借用量子物理的原理可以这样解释：我们调到一个特定的频率，就像我们寻找一个适合自己的电台一样。

在职场上，直觉也是一种宝贵的资源：众所周知，单单依靠专业能力难以获得成功——在商界也是如此。你所在的环境中一定有拥有令人印象深刻的专业知识的人，但他们在情感和社交能力方面有很多需要改进的地方。你与这些人交往时感到舒服吗？你愿意与他们详细讨论私人问题吗？可能不会。同样，有些公司会强调销售策略，但不考虑员工的个人需求和价值观。对外关系，特别是与客户的关系上，情况通常也是如此。这也与具象化这个主题相关，只是背景不同。一个健康的企业需要依靠软技能来创造满意度、忠诚度和动力。不幸的是，这些技能往往不受重视。但是，在最理想的情况下，软技能水平应当与专业技能水平相当。

在一个越来越关注创新和全球化的时代，我们需要学会暂停和倾听。否则，我们无法对自己负责，也不能满足对更多自主性的渴望。直觉对我们的心理有着很好的治愈作用，因为我们学会了与自己的需求和价值观沟通并与它们保持一致。这里还有一个你不该低估的实践练习。

实践练习　**用直觉维护关系** | 调整到直觉模式。具体怎么做你已经知道了。闭上眼睛，想象眼前有一个你比较喜欢的或关系比较好的同事、顾客、员工。当然也可以想象眼前是你的上司或者你身边的其他人。调整一下，与这个人建立联系，然后仔细观察一下。这个人有什么特点？你在想起这个人时有什么感觉？用直觉感受一下你该怎样表达对这段关系的重视以便将其维持下去。把这些信息保存下来，让图像渐渐淡去。

第二步，想象这样一位同事或员工：你们维持着礼貌的关系，你们之间更像是合作和互相尊重的关系。让这个人尽可能真实地出现在你的内心世界。让感觉、图像和联想重现。用直觉感受一下怎样才能成功地让关系再近一些。尽管解决方案可能会更复杂，但你仍然会找到最佳方法。

第三步，想象一位你根本不喜欢的同事或一位难缠的顾客。用直觉感受一下怎样才能实现令双方都受益的满意合作。把想法付诸行动！

克劳迪娅今年53岁，是一家养老院的护理主任。 例子
她似乎总是在同事之间或住户之间发生分歧时才出
现。她只是在现场，对他们微笑，抚慰他们。工作
人员非常感谢她，欣赏她的耐心和冷静。克劳迪娅
发现自己很容易捕捉到团队内部成员和病人的情绪。
用直觉维护关系已经成为她的一个工具，这可以起
到给冲突降温的作用，而且能带来很多好处。

缺乏同理心或故意在职业环境中隐藏同理心的领导 平等交流
通常会忽视员工。如果上级感觉不到员工的顾虑，并且
不能对团队中的动荡做出反应，那么误解就会发生。现
代的合作，特别是管理方面的合作，需要平等交流。能
够从其他人的角度看问题，几乎是必要的。在这方面，
直觉可以帮到你。

> 直觉在心理方面有疗愈作用，能让自己的需求与
> 生活和谐一致。

结 论

我们身体中的每一个细胞都储存着信息。它们汇集
在"腹部大脑"中。这种身体知识是可供我们随时访问

的巨大资源。正念让这个过程成为可能。为了激活我们最复杂的感官，请注意平衡自己的理性思维和第六感。随之而来的是直觉。这是一种更好、更和谐的决策方式。这不仅涉及我们的理智，还涉及身体和心灵的冲动。直觉总是与具体的情境有关，并不遵循固定的程式。这让我们感觉更真实、更有主见。

直觉需要空间，在这个空间里它才能浮现出来。当你想要使用第六感的时候，要放松，要和它做游戏，这样你才能更深入地了解它。有时，游戏的态度可以为你打开一扇之前在成长之路上关闭的门。开启通向直觉世界的激动人心的旅程吧。如果你属于领导阶层，请注意：如果你用直觉来补充传统的理性分析法，每个人都会更满意、更有动力。试试吧！

5
自主是魅力之源

魅力与地位无关，也无须才智和美貌。魅力是一种内在的力量，来自对自己的能力的信心，来自深信一切事物都有意义的信念，来自自主地迎接日常生活的挑战并将生活引向积极方面的能力。作为人生之车的驾驶员，你预先确定了方向，凭直觉适时转弯，当时机成熟时便停车。之后，当你到达终点，从车上下来时，你会展露出自信和对生活的热情，这些是旁人无法忽略的。你成了焦点！

> 魅力是一种内在的力量，来自对自己的能力的信心。

在本书的最后一章，您将学会通过有魅力的举止来提升自己的气质。当你内心一直为这一点做打算、树信念时，可以确定的是，很多变化已经发生。如果你继续坚持下去，继续读这本书并记住一些内容，你的魅力会增加。

魅力的力量

你是否熟悉这样的特殊时刻：某人进入房间后，所有的目光奇迹般地聚集在他身上。这里指的不是有声望的知名人物，也不是伴随着击鼓吹号的盛大排场而出现的人。没有人走上前大呼："国王驾到！"确切地说，这种关注只是因为这个人的存在和这个人散发出的吸引力。你可能恰好属于这类人。也许其他人正有意寻求你的陪伴，而你根本没注意到？或者你希望自己也拥有这样神奇的时刻？

检查清单 ✓

我们首先做一个自我评估：你是有魅力的人吗？

	是	否
1. 你以积极的态度和微笑面对生活吗？	☐	☐
2. 你能很快被同事、朋友或邻居注意到吗？	☐	☐
3. 你觉得别人享受你的陪伴吗？	☐	☐
4. 你觉得自己的行为举止自信、可靠吗？	☐	☐

5. 其他人会谈起你积极的态度吗？　☐　☐

6. 你认为自己有魅力吗？　☐　☐

7. 你认为魅力与内在的力量有关吗？　☐　☐

8. 与对方保持眼神交流对你来说容易吗？　☐　☐

9. 你经常用自己热衷的话题去感染周围的人吗？　☐　☐

10. 其他人喜欢听你说话吗？　☐　☐

"是"：_____　"否"：_____

因为人们对自己的形象可能有些许认知偏差，所以建议你再问问那些与你亲近、待你好且真诚的人。

当你或你的搭档能够对5个以上的问题做出肯定回答时，那么你大概就是能有意或无意地将大家的注意力转向自己的人，原因在于你散发出的是正能量。如果"否"超过5个，那么你将从本章获益颇丰。当你将在本章的收获付诸实践时，魅力将很快由内而外散发出来。

魅力公式

真正的伟大来自内心。很多人甚至连自己想要什么　*真正的伟大来自内心*

都不知道，因为他们没有花时间去思考。或者他们本能地怀疑自己过着不理想的生活。然而，因为必须离开舒适圈才能让事情有所进展，他们干脆止步不前。他们没有从自己锈迹斑斑的旧车上下来。这种僵局自然也无法带给他们快乐，但是他们缺少走上新道路的勇气。相反，他们穿着旧鞋在老路上顿足，眼前没有值得追求的目标。

例子　　索菲亚是一家四星级酒店的前台接待员。她是个友善、礼貌且乐于助人的人。尽管她一眼看上去并不特别吸引人，而是有点胖，但她有着极大的个人魅力，这让顾客和同事对她很有好感，也令她很受欢迎。在一次严重的事故后，索菲亚需要一些时间才能再次展露笑容、恢复自信。尽管如今她的行为举止有些拘谨，不过多亏她的魅力，她成了这家四星级酒店的第五颗星。

每个人，不管在什么年纪，都能有魅力。有些人天生就有这种内在的源泉，其他人则需要一些动力和练习才能提升自己的个人魅力。

练习　　请列举 3 位有魅力的人，可以是经济、政治领域的公众人物，也可以是你私人交际圈的人。思考一下：他们因什么而出众？仔细观察并以关键词的形式做笔记。

1. _____
2. _____
3. _____

有魅力的人知道自己的潜能，也会利用潜能。他们自信，并且能对自己的行为负责。他们有值得每日为之奋斗的目标，有敏锐且开放的思想和积极的生活态度。他们内心的积极态度也体现在挺拔的体态上。因为他们遵从内心，所以他们活得很明白。他们相信自己的能力和直觉，也能意识到自己的局限——克服或接受局限，不将自己视作受害者。

> 有魅力的人知道自己的潜能，也会利用潜能。

主动转换视角 ｜ 为了突破局限，我们经常需要转换视角。从你现在坐着的地方站起来，走到房间的另一头或窗前。转身，从另一个视角观察一会儿这个房间。你的想法将有所改变。

实践练习

当某事处于停滞状态时，你就可以采用这个小练习。它能帮你进入新的视角，甚至可能帮你想到新点子或解决方法。

> **小贴士**
>
> 经常运动！每周去散步、骑车或慢跑，每次至少30分钟。抛开一天的焦虑，释放你的思想，接受新的想法和动力。在自然环境中运动尤为有效。

有魅力的人总是在行动，不会陷入忙碌。他们对其他人感兴趣，因为他们清楚地知道，人总能从别人身上学到东西。他们的交际对象为有人对自己感兴趣而开心，而且觉得受到了尊重。有魅力的人会留下踪迹，他们不仅能散发积极的魅力，而且能唤醒他们遇到的人心中愉快的力量感。他们不傲慢，不会滔滔不绝。他们会带着兴趣倾听、赞美和鼓励他人。

练习

你对周围的人感兴趣吗？你是一个好的倾听者吗？

_____

_____

你怎样进行沟通？是主动走近他人，还是等着别人来同你打招呼？

你平时说的是积极的语言,还是更倾向于选择具有破坏性的词汇?你更倾向于去看一件事的弊端吗?

你注重外表整洁吗?陌生人会怎样描述你的外表?

你待人接物的方式是怎样的?

你的外在影响是内在精神的表现,它们会发出语言和非语言信号,你周围的人能感知到。不时检查一下这种互动。

你想如何影响其他人?你的行为是否与想法相符?你还能做得更好吗?依靠直觉做出反应。

有魅力的人以本色示人。他们坚持自己的意见并对此负责。他们真实可靠，全心全意地生活。他们能够看到自己所做的事情的意义。这种感觉给了他们生活的立足点。在别人看来，这就是魅力和吸引力。

> 有魅力的人以本色示人。他们坚持自己的意见并对此负责。

练习

哪些活动给你力量、让你满意？哪些话题赋予你灵感？你的生命为何燃烧？你在生活中最关注的是什么？

这些问题的答案会帮你定义自己。

彰显魅力

肢体语言 有一些练习和工具可以让你积极地沟通，从而提高效率。由于语言通常只是一小部分能被感知的东西，现在要讲讲你的肢体语言。你当然应该有话要说，并能够用适当的语言表达出来，正如你要有健康的自尊心，才能让它由内而外地展露出来。你在前面的章节中已经搭建了魅力的大致框架。现在要对它精雕细琢。

你还记得第二章提到的具象化吗？如有疑问，请再翻阅一下。我们在下面的练习中将使用具象化来彰显你的魅力。

占据空间 | 你从之前的练习中学会了如何达到一个稳定的状态。现在是占据空间的时候了。想象一下，你站在一面可以照出身体的镜子面前。用手臂做缓慢而坚定的动作。愉快地对自己打手势。向一侧迈出一大步。庄严地穿过房间。想象一下，你想完全占据你现在所处的空间。因为这是一个练习，你的举止可能看起来很夸张，但尽量不要狂妄自大。在日常生活中，我们练习的内容中只有一小部分能够体现出来。但滴水穿石，坚持练习一段时间。

实践练习

通过真挚的眼神，你可以与对方建立积极的联系。

眼睛是心灵的窗户。当我们看起来很亲切时，它们会发声。它们总是能显示谈话对象所说的话是否发自内心。所以，请保持真实！

实践练习

光的冥想：练习眼神交流 | 为了训练出放松而专注的眼神，我邀请你进行一次光的冥想。在你面前约一米的地方，放一支蜡烛或一颗茶蜡。这是我们与亲密的人交谈时的距离。如果你觉得这太近了，请先试试3米的距离。与陌生人交谈时，这个距离是合适的。

1. 在椅子坐直。让你的呼吸变得放松而不受影响。
2. 闭上眼睛休息一会儿。
3. 再次睁开眼睛，有意识地注视火苗一分钟。让眼睛处于放松的状态，让光照在你的身上。
4. 过一段时间，再次闭上眼睛，用心感受。你也许会看到火苗的余像，也许眼睛会有些潮湿。这没什么好担心的，享受这个宁静的时刻。
5. 然后再次睁开眼睛，重新放松地看看火焰。
6. 如果你愿意，你可以经常重复这个练习。

有魅力的人充满活力，但从不匆忙。尝试放慢日常生活的脚步，但是不要陷入幻想或变得毫无生气。

平静中蕴含着力量 | 每隔一两天，进行一项最能让你集中注意力的事情。可以在家里、在花园里，也可以在办公室里。专注于这件事，并享受为之努力的时间。

实践练习

有魅力的人经常微笑，不会太咄咄逼人或骄傲自大。所以不要露齿大笑。与此同时，几乎每个人都知道微笑的作用，所以我们经常会遇到嘴角上扬的人。凭直觉，我们很快就能判断这是一个诚实的微笑，还是想进行推销的售货员的微笑。有魅力的人的微笑是可信的，因为他们的微笑不是模式化的。他们坦诚地转向对方，然后才开始微笑。为了练习积极的态度，我建议你进行一个练习。这主要是面向内心的，但它的效果也会由内而外地表现出来。

内心的微笑 | 放松地坐着或站着。嘴角上扬，有意识地微笑。即使目前没有什么可笑的，也要这么做。凭直觉感受内心，让微笑至少持续一分钟。你的身体会识别出这种信号并将这些信息发送给大脑。不久之后，快

实践练习

乐的荷尔蒙会涌进你的身体，你会感到很舒适。这种感觉可以让你更轻松地生活。试试吧！朝着对方微笑对你来说已经不难了。因此，请让自己保持愉快的心情，这样一来，周围的人会认为你更加可爱。

> 快乐的人会被认为很可爱。

小贴士

> 一定要享受你所做的一切。外在效果可以通过训练达到，但动力应该始终来自内部，其他的东西都不是真实的，很快就会被揭穿。

用魅力开启心门

成功与魅力相辅相成

魅力让很多事情变得更简单：建立联系、说服他人、建立信任，以及产生共鸣。成功和魅力往往相辅相成。如果你的光芒尚且微弱而不起眼，而你想在工作或恋爱中获得更大的成功，那么你应当寻找适合自己的驿站。通过发挥自己的优势、继续提升自己和实现梦想来让自己置身聚光灯下。这样一来，你就成了一个具有一定素质和个性的人。你是某个领域的专家，还是你因为某些能力或者性格特点而特别引人注目？大部分人没有学会把自己放在积极的场景里。如果我们不了解自己的强项或无法将自己的长处传达给外部世界，我们就完全失去了这个有利因素。你不必成为名流或者明星，就能受欢迎。

> 有魅力的人保持着适度自信，并且可以激发他人的灵感和想法。

以关键词的形式写下自己的特征。你有什么样的特点？你会怎样描述自己？ 练习

_____

_____

_____

第二步，用一分钟左右的简短介绍来阐述关键点。你如何以一种有趣而有效的方式向别人介绍自己？保持真实，但要乐于强调自己的优势。你可以在附录中找到一个模板，它是为一分钟左右的演讲而设计的。

在经济学中有一种众所周知的展示类型——电梯演讲。在乘坐电梯的短暂时间内，你可以向对方简要介绍你所代表的人、服务或产品。如今，时间是一种珍贵的 电梯演讲

财富。没有人愿意在一件事情上浪费太多时间——事情就是这样，你启发了他。

> **小贴士**
>
> 最后还有 3 个你可以牢记的小贴士，这能为你的魅力和吸引力加分：
>
> 1. 平静、均匀地深呼吸。这对你的声音有好处。
> 2. 通过穿着传达真正想要发出的信号。
> 3. 向别人承认自己的小弱点以获取好感。

著名的有魅力的演讲者史蒂夫·乔布斯也用这个天赋来领导别人。他领导自己和公司的能力十分卓越，并且非常成功。他能够激励他人，并始终遵循自己的直觉。这使他成了一个特别的人，他也是许多人的榜样。如果你想让自己大放光芒，那就不要阻挡自己前进的脚步。进行尝试，努力提高你的技能和自主意识。你的努力会收获由内而外的成功。

结论

魅力是来自内部的积极力量。它表达了你的想法和感受，体现了你对自己的看法和你在生活中的位置。你的个人信念决定了你是否是一块吸引别人的磁铁。每个人都可以增加自己的魅力，方法可以是锻炼某些核心能力，也可以是运用在练习中学会的某些技能。学习那些容易模仿的榜样，继续调整内在态度，以及实现过上更加自主的生活的愿望。经常反省你的沟通方式。这与你想展示出来的形象还一致吗？

对你感兴趣的问题保持热情，试着让别人对你的想法和点子感到兴奋。做真实的自己，承认自己的小缺点，并巧妙地将自己置于聚光灯下。还有，如果你的生活突然有了积极的转变，不要感到惊讶！

成功日记

日期：_____

你今天（或上周）有什么特别成功的事吗？回过头看看，有什么值得骄傲的事？

_____
_____
_____
_____

今天（或上周）发生了哪些可供参考的积极事件（获得积极反馈的事件）？

_____
_____
_____
_____
_____

我对这一天充满感激，因为……

_____
_____
_____
_____

> 模板，可复印，定期记录积极的事件，让动力变得有仪式感

通缉令

通 缉

通缉令模板,可图文并茂,用于追捕你内心的批评家

电梯演讲

> 电梯演讲的模板

_____
_____
_____
_____
_____
_____
_____
_____
_____
_____
_____
_____
_____
_____

像即兴演讲一样诵读这些文字。稍后,将这些内容读给其他人听,先向朋友介绍,然后向陌生人介绍。

个人行动策略及指南

再次浏览本书,并筛选出你最喜欢的部分。什么特别引你深思?什么给你留下了深刻的印象?你在哪些案例中想起了自己?有没有你真正想要记住的指导原则?在将这本书放在书架上或甜点桌上之前,先看看以下 3 点:

1. 我要坚定不移地练习以下几点:

_____

_____

_____

_____

_____

_____

2. 我要有意识地让以下内容成为我日常生活的一部分:

_____

_____

3. 我最喜欢的练习：

现在你到达训练的终点了。祝贺你这么有毅力。继续时不时拿起这本书，回忆相关内容。如果它丰富了你的生活，欢迎你把它推荐给别人。不要让困难阻挡自己前进的脚步，要有信心，走自己的路！

图书在版编目（CIP）数据

如何活出自主人生 /（德）莫妮卡·A.波尔著；张新蕾译.-- 成都：四川人民出版社，2020.10
ISBN 978-7-220-11946-0

Ⅰ.①如… Ⅱ.①莫… ②张… Ⅲ.①人际关系学—通俗读物 Ⅳ.① C912.1149

中国版本图书馆 CIP 数据核字 (2020) 第 140859 号

四川省版权局
著作权合同登记号
图字：21-2020-346

Published in its Original Edition with the title
Selbstbestimmung: Raus aus der Fremdbestimmung, rein ins selbstbestimnte Leben-ein Erfolgstraining
Author:Monika A. Pohl
By GABAL Verlag GmbH
Copyright©GABAL Verlag GmbH, Offenbach
This edition arranged by Beijing ZONESBRIDGE Culture and Media Co., Ltd.
Simplified Chinese edition copyright©2018 by Post Wave Publishing Consulting (Beijing) Co., Ltd.
All Rights Reserved.

本书中文简体字版由北京中世汇桥文化传媒有限公司独家授予后浪出版咨询（北京）有限责任公司，全书文、图局部或全部，未经该公司同意不得转载或翻印。

RUHEHUOCHU ZIZHURENSHENG
如何活出自主人生

著　　者	[德]莫妮卡·A.波尔
译　　者	张新蕾
选题策划	后浪出版公司
出版统筹	吴兴元
特约编辑	蒋　慧
责任编辑	张　丹
装帧制造	墨白空间·杨阳
营销推广	ONEBOOK
出版发行	四川人民出版社（成都槐树街2号）
网　　址	http://www.scpph.com
E - mail	scrmcbs@sina.com
印　　刷	北京盛通印刷股份有限公司
成品尺寸	143mm×210mm
印　　张	5.75
字　　数	70 千
版　　次	2020 年 12 月第 1 版
印　　次	2020 年 12 月第 1 次
书　　号	978-7-220-11946-0
定　　价	36.00 元

后浪出版咨询(北京)有限责任公司常年法律顾问：北京大成律师事务所　周天晖　copyright@hinabook.com
未经许可，不得以任何方式复制或抄袭本书部分或全部内容
版权所有，侵权必究
本书若有质量问题，请与本公司图书销售中心联系调换。电话：010-64010019